2022年度省重点出版项目

走进大渡河系列丛书之四

文化大渡河

WENHUA DADUHE

丹　巴　夏梦泱晴◎编著

四川民族出版社

图书在版编目（CIP）数据

文化大渡河 / 丹巴，夏梦泱晴编著. — 成都：四川民族出版社，2024.3

（走进大渡河系列丛书）

ISBN 978-7-5733-1578-6

Ⅰ. ①文… Ⅱ. ①丹… ②夏… Ⅲ. ①大渡河—文化史 Ⅳ. ①K928.42

中国国家版本馆CIP数据核字(2023)第254847号

2022年度省重点出版项目

走进大渡河系列丛书 ④

文化大渡河

WENHUA DADUHE

丹 巴 夏梦泱晴 编著

出 版 人	泽仁扎西
项目执行	俄 热
责任编辑	唐 齐
责任印制	泽仁康珠
出版发行	四川民族出版社 （成都市青羊区敬业路108号）
成品尺寸	170mm × 240mm
印 张	11.75
字 数	245千
制 作	成都华桐美术设计有限公司
印 刷	成都兴怡包装装潢有限公司
版 次	2024年3月第一版
印 次	2024年3月第一次印刷
书 号	ISBN 978-7-5733-1578-6
定 价	40.00元

目录

写在前面的话

20世纪80年代末90年代初，我们姐弟出生在大渡河流域的一个小山村，少年时代在丹巴、康定、炉霍生活，每年春节都回乡下老家过年，与同龄伙伴畅游，与同乡老人共舞，享受“古碉、藏寨、美人”的恬静，领略“高山、大河、田园”的秀丽。

2019年11月，弟弟在《四川发展》上发表《大渡河流域旅游环线建设初步思考》后，专修过旅游管理的姐姐，灵感闪现，建议收集描绘大渡河奔腾的浩海文献并分类汇编。2020年，弟弟考入四川大学历史文化学院（旅游学院）攻读旅游管理博士研究生，专业的思考与个人情怀开始激烈碰撞，编写《走近大渡河》系列小丛书的思路，在你一言、我一语中渐渐清晰。弟弟说方向、搭框架，姐姐收资料、搞审核，一拍即合、一唱一和、一气呵成。

《走近大渡河》系列小丛书包括《图说大渡河》《红色大渡河》《文化大渡河》《美丽大渡河》《资源大渡河》。2021年，正值伟大、光荣、正确的中国共产党成立100周年，由于正在举办党史学习教育活动，我们乘势而上，率先编成《红色大渡河》，内容包括“惊天动地的红军长征”“战天斗地的川藏公路”“震天撼地的成昆铁路”“翻天覆地的脱贫攻坚”。

本套小丛书尽情展示了大渡河流域红色的故事、英雄的人民、悠久的历史、独特的人文、巍峨的雪山、青青的草地、奔腾的河流、蜿蜒的峡谷、矗立的古碉、多彩的民居、绝美的藏寨、俊秀的城镇、雄伟的桥梁、静静的水库……能让每一位读者在阅读后，对大渡河深情向往，不能忘怀。

在编写这套小丛书的过程中，得到了老师和长辈们的精心指导，老乡和同事们的倾情奉献，同学和朋友们的大力协助，我们也由此接受了一次鲜活的心灵洗礼！

大渡河，奔腾吧！

大渡河，自豪吧！

丹巴

夏梦泱晴

2021年10月

大渡河流域概况

大渡河，古称北江、涐水、沫水、大渡水、鱼通河、金川、铜河……位于四川省中西部，历史上被作为长江支流岷江的最大支流。但从河源学上应为岷江正源。

大渡河发源于巴颜喀拉山的果洛山（年保玉则），起于青海省果洛藏族自治州久治县，经班玛县，在壤塘县茸木达乡进入四川阿坝州境内，流经阿坝县、马尔康市、金川县，在丹巴县进入甘孜州，又经阿坝州小金县后，过康定市、泸定县，在石棉县进入雅安市，经汉源县，进入凉山州甘洛县，在金口河区进入乐山市，经峨边县、峨眉山市、沙湾区、沐川县，于市中区注入岷江，流域面积7.72万平方千米（不含青衣江），河长1074千米。多年平均流量1988米^3/秒，多年平均水资源量459.17亿立方米，多年平均径流深603.7毫米。四川省内面积6.79万平方千米，省境内河长871千米。

大渡河支流较多，四川省境内流域面积在1000平方千米以上的支流有22条，在10000平方千米以上的支流有2条。传统上认为，大渡河在大金川以上有三源：梭磨河、绰斯甲河（上源为青海的杜柯河、多柯河）、足木足河（上源青海的麻尔柯河，亦称玛柯河），足木足河为正源。

大渡河在泸定以上为上游，泸定至乐山市铜街子为中游，铜街子以下为下游。

久治县

大渡河正源足木足河，发源于青海省果洛州久治县哇尔依乡查七沟顶山岗以北6千米无名山（属巴颜喀拉山脉东段）南坡，源头地理坐标为东经100° 23′、北纬33° 39′，源头高程4708米。大渡河青海省境内干流称为麻尔柯河（玛柯河），东南流经久治县东塔，于白玉左纳俄柯后，东南至班玛县多贡玛。

班玛县

麻尔柯河（玛柯河）与流经达日县的满掌河相会后，转东南经班玛县城东，又南过亚尔堂、灯塔、下科培转东，右纳恩则柯（又称则柯），左纳哑巴沟、折尔朗沟，又向东为四川与青海的界河，转南进入四川省境为壤塘县与阿坝县的界河。

麻尔柯河（玛柯河）在青海省的里程约210千米，流域面积6341平方千米，落差780米，多年平均流量60.3米^3/秒。

主要支流县

达日县

满掌河。源出达日县北塔什温附近，流经达日县，在班玛县多贡玛乡与麻尔柯河汇合。全长约47千米，流域面积312平方千米。

壤塘县

在四川省境内，麻尔柯河（麻尔曲）右纳壤塘县的则曲河，继又东流右纳莫柯，入阿坝县境。

杜柯河（多柯河）。为绰斯甲河干流的上游河段，源于青海省达日县，经色达县东北、壤塘县城，与色曲汇合后称绰斯甲河，后于金川汇入足木足河，河段长119千米。

则曲河。源出壤塘县，河长101千米，流域面积1622平方千米，多年平均流量19.1米^3/秒。

阿坝县

麻尔柯河过亚尔勒果至伊俄，右纳格浪河，左纳莫朗河、果朗沟；再东过柯河乡，左纳阿嘎木朵河，右纳亚朗河；至达格娘，左纳尼柯河；过错昆后转南至夺沟，右纳目杰柯；又南至色尔吉，左纳阿柯河，以下即称足木足河。南行又转东南，为阿坝县与马尔康市的界河，左纳夺壤拉杂沟。

尼柯河。河长71千米，流域面积1194平方千米，多年平均流量13.9米^3/秒。

阿柯河。发源于青海省久治县多木措湖，东流转向西南流，经阿坝县城，在茸安乡职尕注入麻尔柯河。全长160千米，流域面积5788.52平方千米，多年平均流量60.6米^3/秒。

马尔康市

足木足河至射江转南入马尔康市境，至日部乡，右纳木郎沟；转东南过康山（达维），右纳木尔甲河、协果沟，左纳热水塘沟、科拉基沟，再右纳马尔达布沟、阿拉林沟；又过三大坪转东南行，左纳茶堡河；南过脚木足乡，此处有足木足水文站；过站南流，左纳梭磨河，右纳玛绰沟；转西南过白湾乡，于双江口右纳绰斯甲河，以下称大金川，为马尔康市与金川县之界河。

茶堡河。河长83千米，流域面积1234平方千米，多年平均流量14.4米^3/秒。

梭磨河。足木足河左岸一级支流，发源于红原县壤口乡境内的羊拱山西北麓，壤口以上称壤口尔曲，壤口以下称梭磨河。流经刷经寺、梭磨、马尔康、松岗、白湾乡、脚木足乡，于热足下游两千米处汇入足木足河。河流全长182千米，流域面积3027平方千米，多年平均流量50.3米^3/秒。

金川县

大金川右纳可尔因沟，转东南流，左纳米洞沟；南至党坝乡，右纳卡拉脚沟，左纳盘龙河；又南入金川县境，右纳撒瓦脚沟，其下咯尔乡处有大金水文站，控制流域面积40484平方千米，多年平均流量520米^3/秒，水位变幅6.4米。再南下至金川县城东，左纳西里寨沟；又西南行，右纳独松沟，曲折南行，右纳协斯曼沟；至安宁镇，右纳色斯满沟，左纳安宁沟、炭厂沟、曾达沟；转西南为金川、丹巴二县界河。

绰斯甲河。源于青海省达日县下红科乡旺阿村，上游称杜柯河（多柯河）。河流自色达县东北进入四川省境，向东南流经壤塘，在黑桥接纳自色达县流出的色曲后始称绰斯甲河；渐转东流，入金川县境，经二嘎里乡，于金川可尔因汇入足木足河。全长447千米，流域面积16015平方千米，是大渡河上游最大支流。主要支流有来自色达县的色曲和来自道孚县的俄日河。

俄日河（玉曲）。源于道孚县东折多山北端海子山，北流左纳曲龙沟，北过七美、玉科，沿程多有温泉出露；右纳七格柯，左纳穷柯（其右支为查隆柯）；北过银恩乡，左纳嘎柯；以下转向东流，入金川县境。东至二楷，右纳莫孜沟、大莫孜沟；转东北行，左纳麦斯科沟、郎通沟；至俄热，右纳二安沟；又至科山，转北左纳颇拉喀沟，自东北方向进入二嘎里乡，汇入绰斯甲河。河长128千米，流域面积1910平方千米，多年平均流量31米^3/秒。

主要支流县

色达县

色曲。源头在境内海拔4860米的恰依岗娘。色吾沟、拖汝沟与拥拉沟在竹日康夺汇合后始称色曲。色曲由西北向东流经色达县城、色塘、色尔坝，在壤塘县境注入杜柯河。境内全长184千米，流域面积3234平方千米，落差1000米。

炉霍县

宗科河（宗柯）。源出炉霍县宗麦乡，流入阿坝州壤塘县，经宗科乡，汇入绰斯甲河。全长64千米，流域面积985平方千米。

道孚县

俄日河。俄日河在道孚境内被称作玉曲，主要流经道孚县七美乡、玉科镇、银恩乡等乡镇。

沙冲沟。发源于道孚县沙冲乡策曼都，于龙金洪出道孚进入丹巴县境内，经东谷乡汇入东谷河。沙冲沟全长45千米，流域面积800平方千米，多年平均流量16.8米^3/秒。

丹巴县

大金川左纳沈足沟，过耿扎，入丹巴县境，右纳甲斯沟；南过巴底镇，左纳麦尔沟，右纳二甲沟、水卡子沟，又左纳燕尔岩沟；南过巴旺乡，右纳革什扎河；在丹巴县城北又右纳东谷河，城东又左纳小金川，始称大渡河。此处有丹巴水文站，控制流域面积52738平方千米，多年平均流量743米^3/秒，水位变幅10.6米。南过格京镇，右纳绒坝沟；到鸭包，左纳汗牛河，为丹巴县与小金县界河。

革什扎河。主源发源于金川县毛日乡热它村西龙措海子，自北向南经藏木道纳入沙玛耳沟后称格希沟，继续向南流至丹东镇与右岸雀儿沟汇合后称边耳沟，后流经热洛、温平等地，右纳党岭河后始称革什扎河；革什扎河折向东南，过边耳、火地，左纳磨子沟，后经二瓦槽、大桑、布科等地，于巴旺乡汇入大金川。干流全长99千米，流域面积2520平方千米。

东谷河。发源于道孚县境内大雪山以及康定市与丹巴县交界的雅拉雪山，河流分为两源，南源称牦牛河，西源为沙冲沟，至陡水岩处两河汇合后即称为东谷河。河流自西南往东北方向经东谷镇、章谷镇后于丹巴县城西端注入大金川。东谷河全长87千米，流域面积1837平方千米，多年平均流量38.8米^3/秒。

小金县

大渡河纳汗牛河后向南，过琪日、开绕，左纳门子沟，进入康定市。

小金川。发源于梦笔山南麓的抚边河与源于四姑娘山的沃日河在小金县老营镇汇合后称小金川，向西流经宅垄镇，进入丹巴县，向西流经半扇门、墨尔多山，在丹巴县城与大金川汇合。干流长151千米，自然落差2340米，流域面积5254.8平方千米，多年平均流量104米^3/秒，平均年径流量29亿立方米。

汗牛河。位于小金县西南部，全长39.87千米，流域面积623.6平方千米，天然落差2660米。

康定市

大渡河左纳门子沟进入康定市境内，右纳溪河沟；南至孔玉，右纳二里沟、巴郎河，左纳野牛沟；南至下索子，右纳下索子沟，左纳金汤河；南过鱼通镇，左纳磨子沟，又左纳前溪河；南至姑咱镇前，右纳羊厂沟；南过姑咱镇，右纳康定河；南过抗州村后进入泸定境内。

康定河。又名瓦斯沟，上游源自雅拉雪山下雅拉河，向东南流经中谷、王母、三道桥、二道桥等，至康定城区右纳折多河后为下游，始称康定河；转东流经升航、日地、瓦斯，至瓦斯沟口汇入大渡河。全长78千米，流域面积1554平方千米，多年平均流量49米^3/秒。

金汤河。全长80千米，天然落差3372米，流域面积1129平方千米，多年平均流量37.5米^3/秒。

泸定县

大渡河左纳马蜂沟，南过烹坝，有泸定水文站，控制流域面积58943平方千米，多年平均流量895米^3/秒，水位变幅6.7米。过站至泸定县城西，大渡河上游段即止于此。南进泸定县城，过泸定桥；再南经冷碛镇，左纳花园沟；右纳磨西河；又南过得妥镇，左纳两岔河、王家沟、湾车河，为泸定县与石棉县界河。

磨西河（燕子沟）。其主流有两条，一条发源于黑海子，纳大杆沟、小河子沟、喇嘛沟，流经雅家埂，称为雅家河；另一条为冰川型河源，发源于贡嘎山北坡冰川雪山口，为燕子沟、纳南门关沟、磨子沟、海螺沟。两支流于磨西镇吊嘴汇合，称磨西河，流经大乌科，从金光、繁荣两地之间穿过汇入大渡河。磨西河全长43千米，流域面积923平方千米，落差3000米。

湾东河。源出贡嘎山东麓，又称大沟，纳板棚沟、飞水沟后注入大渡河。为泸定、石棉两县分界河。

石棉县

大渡河，右纳田湾河，入石棉县境王岗坪，经王岗坪，左纳海流河、撒喇池沟；经新民乡，右纳出路沟，左纳礼约河；经安顺场，右纳松林河（安顺河）、小水河，折东偏北右纳南桠河；过石棉县城，左纳响水沟，右纳高冲沟；过迎政乡左纳八牌河；过永和乡右纳要要沟，向东北为石棉、汉源二县界河；过丰乐乡左纳大冲河。

田湾河。发源于贡嘎山西侧，流经康定市和石棉县，全流域面积1397平方千米，河长90千米，多年平均流量42.3米^3/秒，落差2120米。

松林河。又名安顺河，源出九龙县东部，在石棉县蟹螺沟接纳洪坝河，至安顺场注入大渡河。长73千米，流域面积1446平方千米，多年平均流量55.6米^3/秒，落差2360米。

南桠河。发源于九龙县，流经冕宁县，再到雅安市的石棉县后，注入大渡河。全长78千米，流域面积1187平方千米，多年平均流量79.7米^3/秒，落差1714米。

汉源县

大渡河至小堡右纳宰骡河，左纳大冲河，东入汉源县境；过富林镇，左纳流沙河，转东偏南左纳白岩河，右纳西街河；过顺河乡后为汉源县与甘洛县界河；又左纳鲁布沟，往东左纳深溪沟、老厂沟。

流沙河。发源于飞越岭西麓，源头有两支：北支林口沟，源出桌子山；南支黑石沟，源出扇子山，两支在宜东镇林口汇合后始称流沙河。主要支流有黄家沟、旭家沟、二郎河、后河、木槿河等。流经宜东、九襄、富林等8个乡（镇），于富林镇汇入大渡河。全长72千米，流域面积1153平方千米，河口多年平均流量为22.9米^3/秒，落差2547米。

甘洛县

大渡河过顺河乡后为汉源县与甘洛县界河，南至尼日，右纳尼日河，转东行有成昆铁路与之平行延伸。过乌斯河镇，转北偏东，过毛不耳后为甘洛县与金口河区界河。

尼日河。发源于喜德县境相岭山北麓的木支村上方附近，上游喜德境内称尼波河，在越西县裤裆沟出口与越西河汇口以上称普雄河，汇口以下称漫滩河；于玉田镇则拉村流入甘洛县。在甘洛境内，甘洛县城以上俗称尔觉河，甘洛县城以下称尼日河，在尼日村处汇入大渡河。河长125.6千米，流域面积4331.6平方千米，多年平均流量117米^3/秒。

支流县

越西县

越西河。河长45千米，流域面积815平方千米，经马拖、大瑞、中所、越城、新民5个镇，汇入尼日河。

金口河区

大渡河过关村坝后转东偏南，过大沙坝入金口河区，右纳小河；曲折向东北至金河镇，左纳金口河；转向东南，为金口河区与峨边县界河。

峨边县

大渡河右纳官料河后，东入峨边县境内，右纳白沙河；又东过峨边县城北，折东北流过新场乡，左纳龙池河；东过江峨村，为峨边县与峨眉山市界河；东过江岩坝，为峨边县与沙湾区界河。

官料河。又名西溪河，俗称官庙河。官料河发源于峨边县与美姑县接壤的阿米都洛山顶峰东北面，自南向北贯穿峨边县境，至宜坪斑鸠嘴汇入大渡河。

白沙河。河源分大竹坝河和白杨河两条，其中主源大竹坝河发源于峨边县与马边县交界处之药子山一带，由南向北流经木兰坪、大竹坝后转向西北，后纳右岸文坝沟，经二坪、猫猫山及九龙后转向至新林镇；在新林镇有中岗沟、观音沟等支沟汇入，沿途小支沟也较多。大竹坝河过新林镇后在庙子岗与支流白杨河汇合始称白沙河，于峨边县城注入大渡河。

峨眉山市、沙湾区、沐川县

大渡河东过江峨村，为峨边县与峨眉山市界河。过毛坪镇右纳杨河，过江岩坝，为峨边县与沙湾区界河；左纳范店沟，转东南过五渡镇、田村、大沙坝，又为沙湾区与沐川县界河。再东入沙湾区境，北折至福禄镇后转西，过葫芦镇，左纳轸溪沟；再北行经沙湾镇，转向东北，出山区而进入丘陵区，河道显著增宽，过喜农镇进入市中区。

市中区

大渡河自东北方向进入水口镇，左纳临江河、峨眉河，又左纳青衣江，东行至肖公嘴与岷江相汇。

临江河。发源于峨眉山前山的大坪、偏桥沟、土地关，有两条主流，一是大沟，二是张沟。主要支流有发源于二峨山的柳溪河、沙溪河。

峨眉河。古称“铁桥河”，又名符汶河，主要发源于峨眉山前缘的弓背山、神挂山、尖峰顶一带，在黄湾镇桅杆坪（麻子坝）合流。另一源头来自石笋峰、九老洞的黑白二水，经清音阁合流，至黄湾镇的两河口汇入峨眉河。途中主要支流河有川主河（袁沟河）、双福河、虹溪河、黑桥河；在流经峨眉山市的黄湾镇、绥山镇、胜利街道、符溪镇后，流入乐山市中区汇入大渡河。

关于"建设红色大渡河文化旅游走廊"的建议

红色大渡河，传颂着红军长征以及修筑成昆铁路、川藏公路、川藏铁路、川藏高速、引大济岷的英雄故事；美丽大渡河，串连起雄伟的峨眉山、贡嘎山、跑马山、夹金山、四姑娘山；文化大渡河，孕育了郭沫若、阿来等文坛巨匠和天宝、杨东生等革命先辈。在这条文化走廊上，屹立着千年古碉，绵延着茶马古道。

大渡河流域是早期人类文明的重要发祥地，因其特殊的地理位置、独特的自然条件、丰富的历史遗存和鲜明的地域文化，长久以来受世人关注，是旅游开发的重点区域。大渡河流域资源储备充足、历史积淀深厚、区域文化独特、红色根基稳固，具备极大的文化旅游系统开发潜力。

1 大渡河流域的基本情况

1.1 自然地理概况

大渡河古称沫水，发源于青海省果洛山南麓，由大金川、小金川在丹巴县章谷镇汇合后始称大渡河，在四川流经阿坝州、甘孜州、雅安市，穿凉山州边境流入乐山市注入岷江末端。干流全长1062千米，四川省境内长876千米，流域面积7.72万平方千米，其中四川省境内6.79万平方千米，占全流域面积的87.95%。干流分上、中、下三段，泸定县以上为上游，在四川省境内流经阿坝州的壤塘县、阿坝县、马尔康市、金川县、小金县及甘孜州的丹巴县、康定市、泸定县，流域还包括红原县、色达县、炉霍县、道孚县部分地区；中游流经雅安市石棉县、汉源县及凉山州甘洛县、乐山市金口河区，流域还包括九龙县、越西县、喜德县、冕宁县部分地区；下游为乐山市峨边县、峨眉山市、沙湾区、沐川县、市中区，流域还包括犍

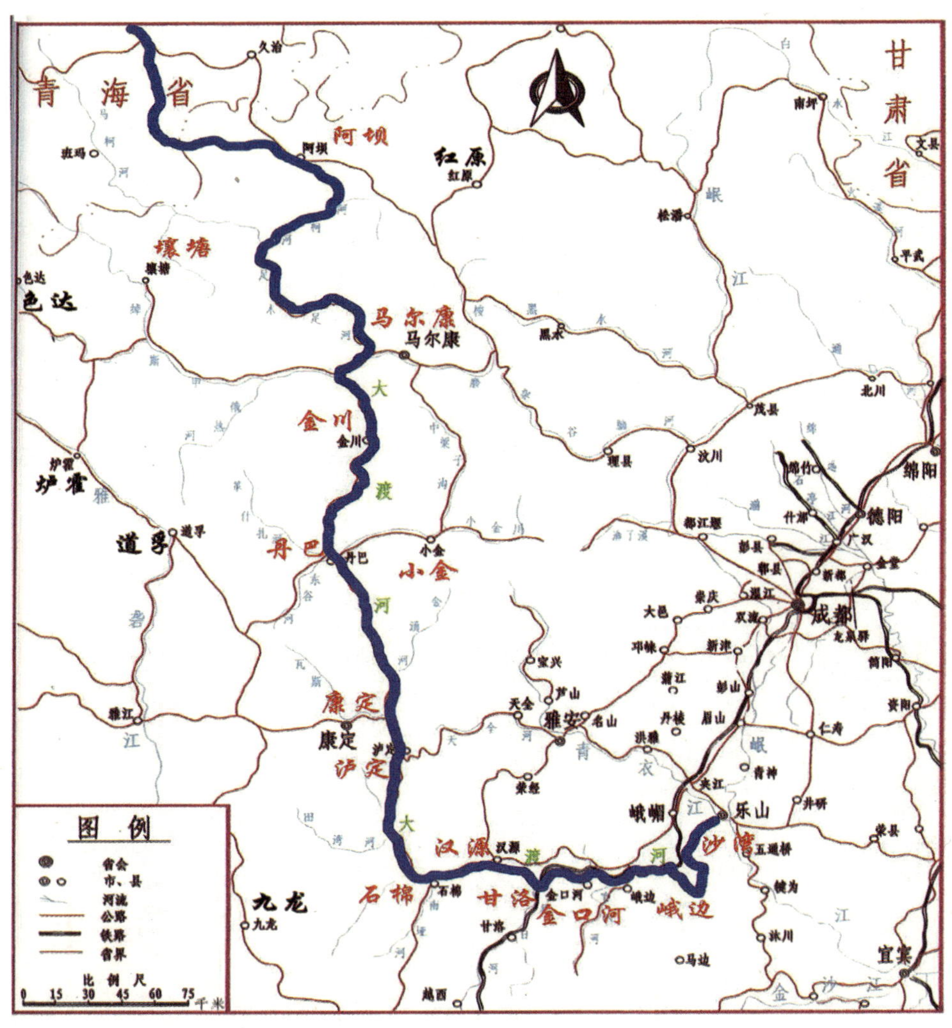

图1　大渡河流域示意图

为县部分地区。漫长的河道，复杂的地形，雄壮的峡谷，悬殊的气候，储藏着丰富而优质的自然景观。

1.2 社会经济概况

大渡河流经阿坝、甘孜、凉山“三州”和雅安、乐山“两市”，沿河及支流形成的河谷地区，从源头而下，依次成为藏族、羌族、彝族、回族等民族和汉族共同繁衍生息的聚居地和迁徙区域，也是汉藏、汉彝、藏羌、藏彝文化衔接融合的重要地带，具有浓郁的民族风情。由于历史上长期封闭，流域的特色文化、人文遗址保存较好，旅游文化资源多样性、独特性特点突出。2020年统计资料显示，大渡河流域四川省境内人口290多万，上游人口稀少，不足60万人；中下游人口稠密，有230多万人。上游各县以农牧业为主，中下游各县工业较为发达，全流域第三产业比重都较高，整体而言，相对流域经济落后。绝大部分县是重点生态功能区，发展文化旅游既是现实所需，更是政策所指。

表1　大渡河流域县（市、区）2020年主要经济指标

县（市、区）	辖区面积（平方千米）	户籍人口（万人）	地区生产总值（亿元）	第一产业增加值（亿元）	第二产业增加值（亿元）	第三产业增加值（亿元）
壤塘县	6640	4.7	13.41	3.81	0.75	8.85
阿坝县	10125	8.1	18.90	6.29	1.12	11.49
马尔康市	6626	5.3	41.42	3.81	2.30	35.31
金川县	5354	6.8	20.67	4.34	1.44	14.89
小金县	5565	7.7	24.37	4.42	4.46	15.49
丹巴县	4656	5.7	21.91	4.20	6.19	11.52
康定市	11486	10.6	109.96	6.67	46.07	57.22
泸定县	2165	8.6	29.27	4.82	8.4	16.04
石棉县	2679	11.4	102.38	16.40	33.41	52.57
汉源县	2215	28.6	110.58	26.82	29.58	54.18
甘洛县	2153	23.5	45.18	9.00	15.33	20.85
金口河区	598	4.8	34.26	4.99	17.44	11.83
峨边县	2382	14.8	57.56	9.03	26.83	21.70
峨眉山市	1181	42.5	35.09	3.42	11.81	19.96
沙湾区	606	17.11	184.84	19.76	115.84	49.24
沐川县	1405	24.8	78.39	20.90	26.88	30.61
市中区	837	64.9	430.92	38.29	126.95	265.68

2 大渡河流域文化旅游走廊建设必要性

2.1 国内外流域文化旅游开发的经验

流域因其地理特征明显，自然资源丰富，人类活动便利，文化底蕴厚重，一般都是现代文化旅游开发的重点区域。这方面，国内外都有比较成熟的开发模式和成功的开发经验，值得借鉴。

2.1.1 国外流域文化旅游开发

亚马孙河位于南美洲，是世界第二长河，凭借其丰富的自然资源优势，孕育了世界上最大的热带雨林。亚马孙河流域的开发主要围绕生态旅游、民俗风情旅游及探险旅游，以生态环境保护为第一原则，通过科学划定自然保护区，重视沿岸的原始森林保护工作，以热带雨林整体优势发展旅游业，维持原始热带雨林的自然景观、动植物旅游资源。利用沿岸的风土人情，使游客参与到当地人民的日常生活中，促进手工艺品的销售。凭借亚马孙河流域所特有的原生态自然景观、雨林气候，开展探险旅游，吸引游客。亚马孙河流域旅游开发不仅增加了森林维护的资金来源，也为当地人带来了手工业发展的机遇，还极大地传播了热带雨林文化。

莱茵河作为欧洲远近闻名的大河，是目前世界内河航运最为发达的国际河流。莱茵河流域是德国最重要的旅游资源之一，旅游业在德国莱茵流域经济中成为仅次于制造业的第二大产业。莱茵河流域的旅游开发重点关注水上活动项目，同时注重自然景观和人文景观、历史与文化相结合。其河畔的建筑、广场、雕塑都具有浓郁的艺术气息，对各地游客有强大的吸引力。通过对莱茵河流域的旅游开发，德国的风土人情转变为区域品牌，德国文化传播到全世界。

2.1.2 国内流域文化旅游开发

长江是中国的第一大河，景观类型众多，旅游资源丰富，开发的时间较早，程度较深。在长江三角洲地区，旅游发展主要以吴越文化为底蕴，充分挖掘上海的都市文化和历史文化，发展以城市观光、名胜古迹、主题公园为一体的自然兼人文特色的旅游产品。在三峡，旅游发展主要以长江自然文化、三峡水利、佛教文化、游船休闲为旅游品牌，将中国历史文化底蕴以旅游发展的方式广泛传播，不仅保护了文化多样性，也提升了人们的精神境界和文化修养。

珠江流域旅游发展的重点是特色文化，主要以区域合作的形式，着力打造“珠江文化旅游线”，通过整合多地文化确立珠江文化体系。以各个地区的特色景点为主要发展对象，依托区间的交通线路组合为特色旅游线路，加强相邻省区的合作关系，例如贵州与云南合作，打造珠江上游少数民族风情游等。以相邻省区之间的合作为起点，逐步深入，打造完整珠江旅游线路。

2.2 流域文化旅游走廊建设的必要性

大渡河流域自然资源、历史遗存和人文资源独特多元，具有充分的文化旅游开发要件，归纳起来主要具有“四条河”的鲜明属性，是建设红色大渡河文化旅游走廊的坚实基础。

2.2.1 资源之河

大渡河谷底较为温暖，农作物可以一年两熟或三熟，可种植小麦、青稞、水稻等，苹果、雪梨、樱桃及桃、柑、李等水果品种繁多。汉源花椒、金川雪梨、泸定樱桃、石棉黄果柑、小金苹果小有名气。上游地区牧草丰茂，畜牧业在当地占相当比重。流域森林面积占全省森林面积的15.3%，是长江上游重要的生态涵养地，历史上在色达、金川、丹巴、小金等地均设有省属森林工业局。流域内有虫草、麝香、贝母、鹿茸等名贵药材，大熊猫、金丝猴、扭角羚等珍稀动物名扬天下。金、银、铅、锌、煤等矿产种类丰富，石棉县因资源而得名，丹巴云母矿曾是中管企业。大渡河是国家十大水电基地之一，全流域水电资源理论蕴藏量在四川境内就有3000多万千瓦，占四川各江河水电资源总量的20.6%。特别是干流双江口至铜街子这593千米长的河段，天然落差达1827米，水能蕴藏量1748万千瓦，占据流域的50%以上。铜街子、深溪沟、瀑布沟、龙头石、大岗山、泸定、黄金坪、长河坝、猴子岩等大型水电站已建成发电，库区还形成了开阔的湖面。大渡河流域孕育了雪山、峡谷、森林、冰川等自然奇观，贡嘎山、二郎山、四姑娘山、墨尔多山享誉中外。丰富的山地景观、河流景观、峡谷景观、冰川景观、水利景观、草原景观等类型多样、各具特色。这为建设红色大渡河文化旅游走廊提供了有力的自然资源依托。

表2　大渡河流域自然保护地名录

名称	类型	属地
贡嘎山国家级自然保护区	自然保护区	康定市、泸定县、九龙县、石棉县
四姑娘山国家级自然保护区	自然保护区	小金县
南莫且国家级自然保护区	自然保护区	壤塘县
马鞍山省级自然保护区	自然保护区	甘洛县
金汤孔玉省级自然保护区	自然保护区	康定市
莫斯卡省级自然保护区	自然保护区	丹巴县
黑竹沟省级自然保护区	自然保护区	峨边县
墨尔多山省级自然保护区	自然保护区	丹巴县
栗子坪省级自然保护区	自然保护区	石棉县
党岭自然保护区	自然保护区	丹巴县
竹厂沟自然保护区	自然保护区	金川县
湾坝自然保护区	自然保护区	九龙县
岷江柏自然保护区	自然保护区	马尔康市
黑竹沟国家森林公园	森林公园	峨边县
海螺沟国家森林公园	森林公园	泸定县
二郎山国家森林公园	森林公园	泸定县
夹金山国家森林公园	森林公园	小金县
四川大瓦山国家湿地公园	湿地公园	金口河区
汉源湖省级湿地公园	湿地公园	汉源县
四川大渡河峡谷国家地质公园	国家地质公园	金口河区
海螺沟国家地质公园	国家地质公园	泸定县
四姑娘山国家地质公园	国家地质公园	小金县

2.2.2 历史之河

大渡河及其众多支流形成的若干天然河谷通道，是经久不息的“民族走廊”。茶马古道、嘉绒古碉等各类遗迹众多，还有西夏国灭亡后皇族迁徙大渡河的传说。这为建设红色大渡河文化旅游走廊提供了丰富的历史资源。

表3 大渡河流域历史遗址名录

名称	备注	属地
乐山大佛	全国重点文物保护单位	市中区
田坝土司遗址	省级文物保护单位	甘洛县
狮子山遗址	旧石器时代遗址	汉源县
九襄石牌坊	省级文物保护单位	汉源县
安顺场红军强渡大渡河遗址	省级文物保护单位	石棉县
三星遗址	宋代遗址	石棉县
泸定桥	全国重点文物保护单位	泸定县
磨西天主教堂	省级文物保护单位	泸定县
岚安苏维埃政府旧址	省级文物保护单位	泸定县
化林坪总兵府旧址	省级文物保护单位	泸定县
丹巴古碉群	全国重点文物保护单位	丹巴县
罕额依新石器时代文化遗址和汉代石棺葬墓群	全国重点文物保护单位	丹巴县
沃日土司官寨经楼与碉	全国重点文物保护单位	小金县
两河口会议会址	全国重点文物保护单位	小金县
达维会师遗址	全国重点文物保护单位	小金县
御制平定金川之碑	清代遗迹	金川县
哈休遗址	全国重点文物保护单位	马尔康市
松岗碉群	全国重点文物保护单位	马尔康市
大藏寺	全国重点文物保护单位	马尔康市

续表

名称	备注	属地
卓克基土司官寨	全国重点文物保护单位	马尔康市
棒托寺	全国重点文物保护单位	壤塘县
日斯满巴碉房	全国重点文物保护单位	壤塘县
措尔机寺	全国重点文物保护单位	壤塘县
茶马古道遗址	全国重点文物保护单位	康定市、泸定县、汉源县

2.2.3 文化之河

大渡河流域勤劳智慧的藏族、彝族、羌族、汉族等民族的人民创造并积淀了独具特色的民族文化。河流孕育了郭沫若、阿来等文坛巨匠和天宝、杨东生等革命先辈。大渡河流域各民族创造了各具特色的灿烂文化，上游藏族聚居区是我国藏传佛教圣地之一，格鲁派、宁玛派、觉囊派及本教都具有深厚底蕴；中游有源远流长的彝族毕摩文化；下游还有以乐山大佛为代表的汉传佛教文化。这为红色大渡河文化旅游走廊建设构筑起厚实的文化底蕴。

表4 大渡河相关著名文化作品名录

作品	作者
《七律·长征》（诗词）	毛泽东
《大渡河》（电影）	中国长春电影制片厂
《长征》（电视剧）	中国中央电视台
《歌唱二郎山》（歌曲）	洛水、时乐濛
《康定情歌》（歌曲）	民歌
《康定情歌》（电视剧）	北京金英马公司等
《尘埃落定》（小说）	阿来
《飞夺泸定桥》（实景剧）	汪甲

2.2.4 红色之河

毛泽东同志《七律·长征》中有5句描写红军长征途中最具历史性和标

志性的地方，其中4处在四川境内或交界处。“大渡桥横铁索寒”更响彻中华大地。1935年5月，中国工农红军在大渡河上飞夺泸定桥，这是长征途中的一次著名战役，见证了中国工农红军的英勇传奇。在这片土地上，有安顺场、泸定桥、磨西会议遗址、两河口会议会址、卓克基会议旧址和达维会师桥等红色遗迹，设立有四川长征干部学院甘孜泸定桥分院和雪山草地分院，丰富的红色资源逐渐在流域开花结果。这为红色大渡河文化旅游走廊建设注入强大的精神力量。

表5　大渡河流域红色遗迹名录

名称	属地
安顺场	石棉县
磨西会议遗址	泸定县
泸定桥	泸定县
岚安革命老区	泸定县
红五军团政治部遗址	丹巴县
两河口会议会址	小金县
达维会师遗址	小金县
卓克基会议旧址	马尔康市

3 大渡河流域文化旅游走廊建设的可行性研究

3.1 政策环境良好

从国家战略看，党的十八大以来，国家高度重视旅游业发展，把发展旅游业提高到经济转型升级、生态文明建设、展示国家综合实力、促进乡村振兴的战略高度，着力推动全域旅游、生态旅游。党的二十大报告对“推进文化强国，铸就社会主义文化新辉煌”作出专章部署，强调“坚持以文塑旅、以旅彰文，推进文化和旅游深度融合发展”。2014年3月，文化部和财政部联合印发《藏羌彝文化产业走廊总体规划》，提出在藏羌彝核心区打造文化产业走廊。2016年12月，国务院印发《“十三五”旅游业发展规划》，提出旅游道路建设与风景打造融为一体的战略，明确实施“滇川国家级风景道”等25条国家旅游风景道示范工程，大渡河中下游就是重要节点和起始段。这些战略规划的实施为大渡河流域文化旅游走廊建设提供了重要的战略机遇。

从地方规划看，“三州”“两市”都是著名的旅游目的地。2019年，四川省委、省政府出台《关于大力发展文旅经济 加快建设文化强省旅游强省的意见》部署“一核五带”总体布局，提出大力建设高原生态文化、藏羌民族文化、长征文化等融合发展的川西北文旅经济带。2021年10月，四川省人民政府批复《四川省“十四五”文化和旅游发展规划》，关于大渡河流域的表述包括“发展藏羌文化体验”“高水平发展大香格里拉、大贡嘎、大竹海、大蜀道文化旅游精品”“特色旅游城市康定、马尔康”“藏羌碉楼与村寨文化保护”“推进长征国家文化公园四川段建设”“整体性保护……嘉绒文化……等特色文化形态”。2022年11月，四川省文化和旅游发展大会召开，吹响“加快文化强省旅游强省建设，打造世界重要旅游目的地”冲锋号。这为大渡河文化旅游走廊建设提供了重要政策支撑。同时，大渡河流域是革命老区、民族地区、贫困地区及国家重点生态功能区，国家和四川省出台了一系列支持生态保护、乡村振兴、经济发展的政策“组合拳”，有利于推动大渡河流域文化旅游开发提档升级、互联互通。

3.2 发展态势可喜

近年来，大渡河流域的旅游业呈现蓬勃发展态势，广受国内外游客的青睐。数据显示，阿坝州旅游业2018年受九寨沟地震影响而增长不足，但也接待游客2369.47万人次、旅游收入166.71亿元；甘孜州2018年接待游客2230万人次、旅游收入222.5亿元，同比增长33.7%、34.0%；凉山州2018年接待游客4595.99万人次，旅游收入436.67亿元，同比增长4%、20.93%；雅安市2018年接待游客3740.58万人次，旅游收入320.42亿元，同比增长17.2%和25.6%；乐山市2018年接待游客近5700万人次，旅游收入近900亿元，同比增长11%、16%。大渡河流域“三州”“两市”的旅游业已经具有相当的市场认可度和社会知名度，为走廊建设建立了有效的市场渠道，为走廊品牌打造提供了宣传良机。

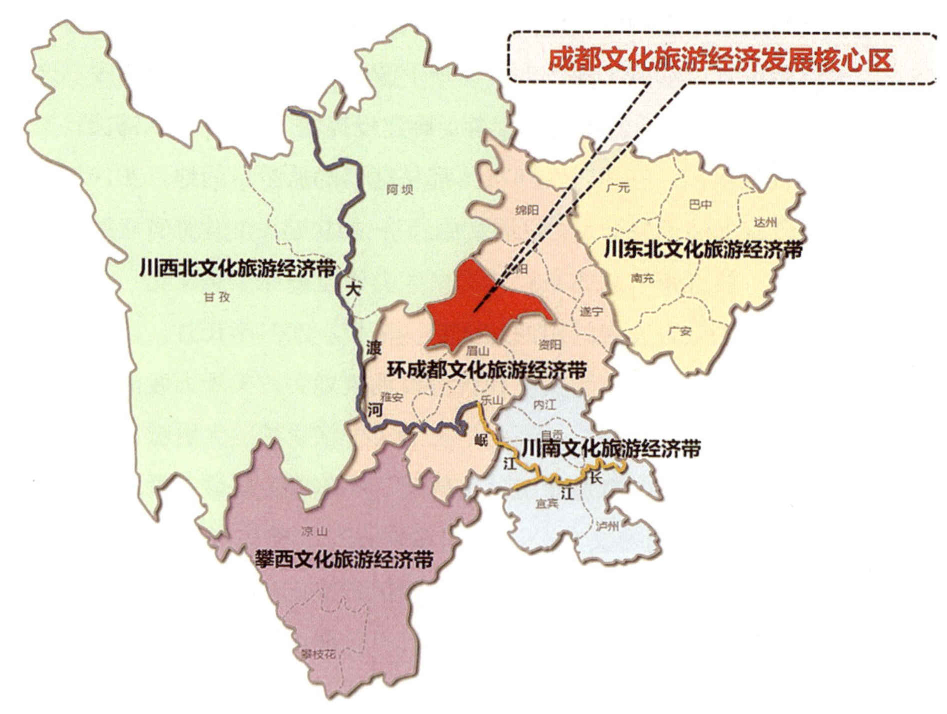

图2 大渡河流域与“一核五带”总体布局的关系

随着我国社会主要矛盾改变，文化旅游发展也随之发生转变，逐步呈现出新的特点。一是从观光游向休闲游、体验游转变，人们到一个地方观山赏水品文化，参与康养、度假、游学、养老等，不仅可以放松身心愉悦心灵，还能获得知识、体验文化。二是从景区游向全域游、生活游转变，大美河山、地域文化、民风民俗、一城一村一景都是旅游资源，旅游全域化、无景点化趋势明显。三是从团队游向自助游、深度游转变，自驾出行、网络服务、私人定制等更为普遍。四是从大众游向分众游、品质游转变，旅游成为生活的常态和“刚需”，需求更加多元化、个性化。

当前，流域乡村顺势而上，旅游发展已初显规模，相继涌现出“世外梨园”沙耳乡、“最美乡村”甲居村、“花海果乡”申沟村、“云端遗民”胜利村等先行先试典范。

表6　大渡河流域美丽乡村名录

名称	备注	属地
双山村	省级乡村旅游示范村	沙湾区
底底古村	全国乡村旅游重点村	峨边县
胜利村	全国少数民族特色村寨	金口河区
三强村	中国美丽休闲乡村	汉源县
申沟村	中国美丽乡村	汉源县
安靖村	省级乡村旅游示范村	石棉县
猛种堡子	中国传统村落	石棉县
杵坭村	中国美丽休闲乡村	泸定县
若吉村	天府旅游名村	康定市
色龙村	天府旅游名村	康定市
甲居村	全国乡村旅游重点村	丹巴县
莫斯卡村	中国传统村落名录	丹巴县
长坪村	全国乡村旅游重点村	小金县
两河村	省级历史文化名村	小金县
德胜村	四川幸福美丽乡村	金川县
代基村	四川最美古村落	马尔康市
神座村	省级乡村旅游示范村	阿坝县
加斯满村	中国传统村落	壤塘县

大渡河流域丰富多元的自然文化旅游资源，能够适应新时代旅游发展的新特点、满足现代人的旅游口味、串联重要旅游节点，建设大渡河流域文化旅游走廊，也能给各个节点的旅游带来明显的乘数效应。

3.3 交通骨架形成

大渡河流域目前康定机场已建成使用，乐山机场在建。都江堰至四姑娘山山地轨道正在建设，途经泸定、康定的川藏铁路也已开建。乐山至汉源高速公路即将建成，石棉至泸定高速公路已经开工，康定至马尔康高速公路列入规划。从成都经成雅高速、雅西高速直达石棉、汉源，经成雅高速、雅康高速直达泸定、康定，经都汶高速、汶马高速直达马尔康；从红原机场、甘孜格萨尔机场到大渡河上游阿坝县、马尔康市、色达县也只需一个多小时。四通八达的交通骨架为流域文化旅游走廊建设提供了先决条件。

3.4 开发成效明显

大渡河流域旅游资源富集，海拔适中，进出便利，在省内外都有较强的比较优势。乐山市率先启动“大渡河风景道（乐山段）”建设，着力打造全国独一无二的“低空+陆地+水上+水下”立体旅游带状景区，跨金口河区、峨边县、沙湾区、市中区，串联起乐山大佛、郭沫若故居、黑竹沟、金口大峡谷等旅游资源。溯河而上，县县都有景点，处处都是景色，乐山大佛、大渡河大峡谷、王岗坪、贡嘎山、二郎山、牛背山、跑马山、四姑娘山等风景区星罗棋布，汉源梨花节、康定情歌节、丹巴嘉绒风情节、马尔康嘉绒锅庄节等日渐成为受游人瞩目的节庆。

表7　大渡河流域景区名录

名称	备注	属地
乐山大佛景区	国家AAAAA级旅游景区	市中区
黑竹沟景区	国家AAAA级旅游景区	峨边县
大渡河金口大峡谷景区	国家AAAA级旅游景区	金口河区
汉源湖	热门景区	汉源县
九襄梨花园	热门景区	汉源县
孟获古城	热门景区	石棉县
王岗坪景区	国家AAAA级旅游景区	石棉县
安顺场景区	国家AAAA级旅游景区	石棉县
海螺沟景区	国家AAAAA级旅游景区	泸定县
泸定桥景区	国家AAAA级旅游景区	泸定县

续表

名称	备注	属地
二郎山	热门景区	泸定县
牛背山	热门景区	泸定县
跑马山景区	国家级风景名胜区片区	康定市
木格措景区	国家AAAA级旅游景区	康定市
梭坡古碉群	热门景区	丹巴县
丹巴藏寨群	国家AAAA级旅游景区	丹巴县
党岭景区	热门景区	丹巴县
莫斯卡景区	热门景区	丹巴县
四姑娘山风景名胜区	国家级风景名胜区	小金县
两河口会议纪念地旅游景区	国家AAAA级旅游景区	小金县
夹金山	省级风景名胜区	小金县
观音桥景区	国家AAAA级旅游景区	金川县
世外梨园景区	国家AAAA级旅游景区	金川县
卓克基土司官寨文化旅游景区	国家AAAA级旅游景区	马尔康市
松岗柯盘天街文化旅游景区	国家AAAA级旅游景区	马尔康市
棒托寺	热门景区	壤塘县
阿坝神座世外桃源景区	国家AAAA级旅游景区	阿坝县
莲宝叶则景区	热门景区	阿坝县

4 文化旅游走廊建设的对策措施

大渡河流域文化旅游极具开发价值，且大有可为。但是目前大渡河流域的文化旅游开发统一规划不够，发展定位不精，文化挖掘还不到位，整体水平不高，发展不平衡，存在自然旅游打造好于文化旅游打造，中下游旅游景区开发好于上游旅游景区开发等现象。这既是流域文化旅游走廊建设面临的重大挑战，更是今后加快发展的潜力所在，为此提出以下建议。

4.1 准确编制文化旅游走廊建设规划

按照摸清家底、统筹规划、区域协调的思路，统一推进大渡河流域文化旅游走廊规划编制和实施。一是对全流域的自然资源、历史资源和文化资源开展全面普查，全方位、分类型、分区域摸清全流域的资源家底，建成流域资源数据库。二是调研流域文化旅游开发现状，弄清进展动态。三是依据四川省文化旅游开发“一核五带”总体布局，突出“红色大渡河文化旅游走廊”建设的区域引领作用。

4.2 精心设计流域文化旅游精品线路

按照“4环+4专”思路，精心设计大渡河的旅游线路，全力打造大渡河文化旅游走廊。

设计“大中小微”4条流域旅游环线。大环线为成都—乐山—沙湾—峨边—金口河—甘洛—汉源—石棉—泸定—康定—丹巴—金川—马尔康—成都；中环线为成都—乐山—沙湾—峨边—金口河—甘洛—汉源—石棉—泸定—康定—丹巴—小金—成都；小环线为成都—乐山—沙湾—峨边—金口河—甘洛—汉源—石棉—泸定—康定—成都；微环线为成都—乐山—沙湾—峨边—金口河—甘洛—汉源—石棉—成都。

设计“红色、风情、名山、特色”4条流域旅游专线。红色专线为成都—石棉—泸定—丹巴—小金—成都；风情专线为成都—小金—丹巴—金川—马尔康—成都；名山专线为成都—二郎山—跑马山—贡嘎山—成都；特色专线为成都—甘孜机场—色达—壤塘—阿坝—红原机场—成都。

4.3 着力开展交旅融合发展示范

大渡河是四川文化旅游全线可进入性和吸引力最强的流域，交通等基础设施较为完善，有条件开展“交旅融合发展示范”。要重点加快泸定至石棉、久治至马尔康高速公路建设，力争康定至马尔康高速公路尽早开工，打通高速公路“最后一千米”，实现大渡河流域全线开通高速公路。坚持推进交通干线、旅游道路、景区景点等周边环境净化美化，加强观景平台、旅游厕所等建设，努力打造智慧信息平台。

4.4 全面创新流域文化旅游工作机制

立足构建独具魅力的文化影响力、特色鲜明的旅游吸引力、优质高效的产品供给力和领先水平的产业竞争力，积极创新流域文化旅游走廊建设推进机制。创新流域文化旅游业态开发机制，开发河谷度假、避暑疗养、看水赏花、登山漂流、科普探险等旅游新产品，让游客慢下来、留下来、住下来。创新流域旅游市场运作机制，推进统一市场营销，培育引进专业营运主体，打造全方位立体化营销矩阵。

参考文献

［1］郑柳青.大渡河流域旅游扶贫开发的可行性研究［J］.乐山师范学院学报，2015，30（12）：42−47.

［2］郑柳青.大渡河流域文化旅游开发战略构想［J］.乐山师范学院学报，2016，31（8）：51−55.

［3］四川省国民经济和社会发展第十三个五年规划纲要［EB/OL］.［2016-02-15］. http://www.sc.gov.cn/10462/10464/10797/2016/2/15/10368205.shtml

［4］李忠东，周江陵，邹蓉. 大河奇峡［M］. 北京：中国旅游出版社，2019：4−19.

《四川省“十四五”文化和旅游发展规划》对大渡河流域的具体部署

规划项目		具体部署
发展布局	文化旅游走廊	长征红色旅游走廊 藏羌彝文化产业走廊 茶马古道历史文化走廊
	文化旅游精品	雪山草地生态观光休闲 藏羌文化体验 大贡嘎乡村旅游集聚区 乡村民宿集群
	特色旅游城市	康定、马尔康
文化产业	保护展示利用	藏羌碉楼与村寨文物保护
	革命文物保护	长征国家文化公园四川段建设
	非遗区域性整体保护	嘉绒文化
文化产品	国家5A级旅游景区培育创建	泸定桥景区、四姑娘山景区
	国家级旅游度假区培育创建	大渡河岷江流域 雪山冰川温泉旅游度假带 甘孜州贡嘎山旅游度假区
	天府旅游名县	甘孜州康定市，乐山市峨眉山市、市中区
	旅游演艺	康定市作响“情歌城”品牌，打造民族地区演艺集群
	国家全域旅游示范区创建	甘孜州、石棉县
公共服务设施	交通网络	川藏公路、川藏铁路
	路景融合示范点	乐山大渡河风景道 都江堰至四姑娘山山地轨道
	重大文化和旅游项目	大渡河岷江流域国家旅游风景道 长征国家文化公园 泸定桥景区核心展示区 阿坝县安多文化旅游就业创业园

大渡河流域基本信息图

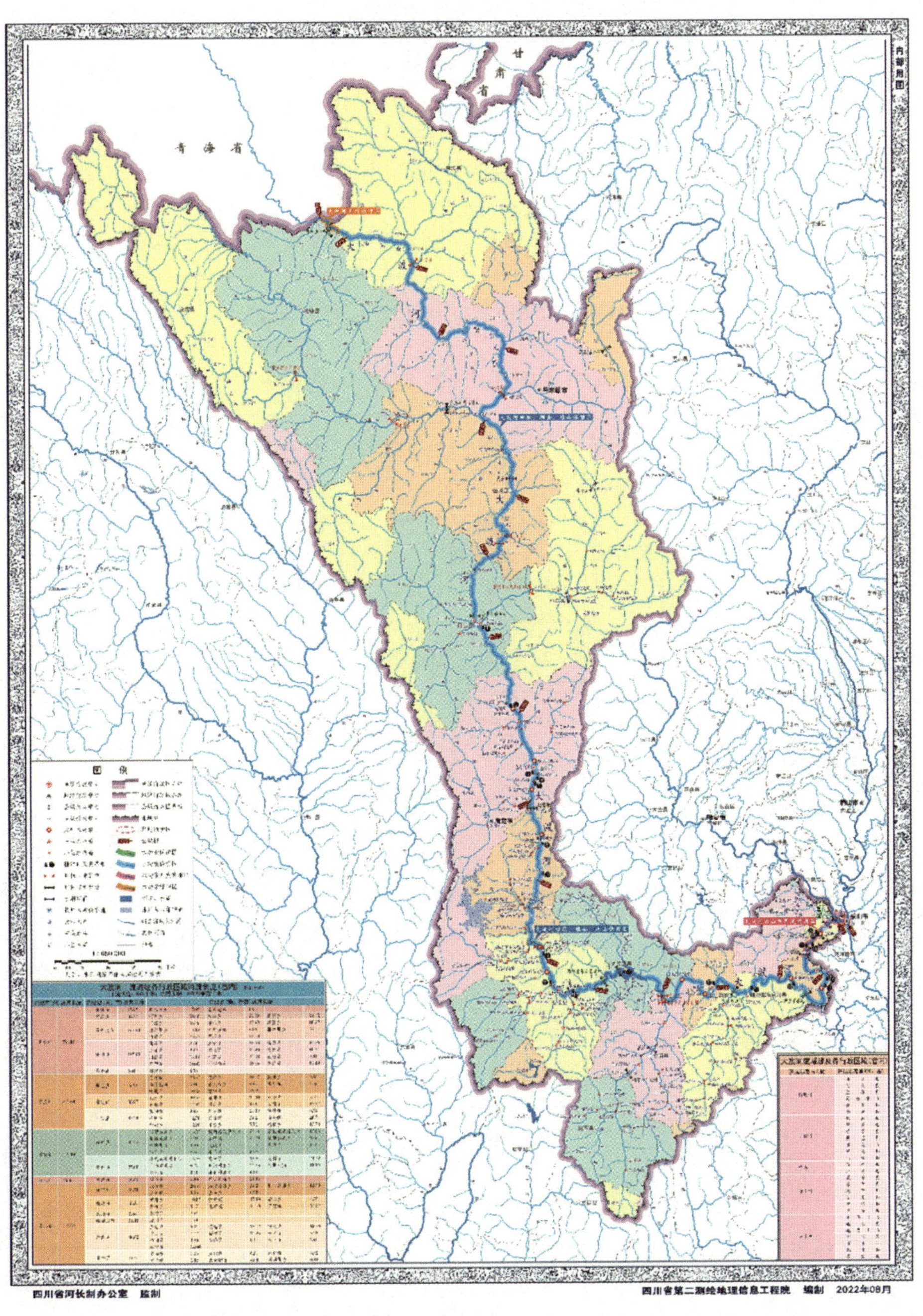

大渡河流域主要河流干流流经各行政区域河流长度（四川省内）（单位：千米）

流经市（州）及其长度		流经县（区、市）及其长度		流经乡（镇、街道）及其长度					
阿坝州	338.16	壤塘县	17.97	茸木达乡	17.07	南木达镇	0.9		
		阿坝县	82.73	柯河乡	39.48	垮沙乡	20.39	茸安乡	24.15
		马尔康市	167.90	日部乡	36.46	康山乡	15.82	草登乡	18.27
				龙尔甲乡	16.12	沙尔宗镇	4.86	脚木足乡	37.11
				白湾乡	23.71	党坝乡	22.08		
		金川县	107.62	集沐乡	25.13	庆宁乡	15.9	咯尔乡	15.26
				沙耳乡	3.29	勒乌镇	11.2	马奈乡	10.31
				河西乡	14.14	河东乡	11.98	独松乡	9.18
				安宁镇	10.02	马尔邦乡	15.65	曾达乡	11.49
		小金县	6.56	潘安乡	6.56				
甘孜州	242.84	丹巴县	76.96	巴底镇	23.63	巴旺乡	18.17	聂呷乡	5.25
				革什扎镇	0.91	东女谷乡	4.4	章谷镇	4.56
				梭坡乡	10.82	格宗乡	26.34		
		康定市	83.97	孔玉乡	40.35	鱼通乡	10.4	三合乡	5.51
				麦崩乡	12.81	时济乡	17.91	姑咱镇	13.57
		泸定县	83.24	烹坝镇	9.43	泸桥镇	21.59	冷碛镇	6.75
				杵坭乡	12.76	兴隆镇	5.86	德威乡	15.74
				加郡乡	12.9	田坝乡	7.7	得妥镇	26.71

续表

<table>
<tr><th colspan="2">流经市（州）及其长度</th><th colspan="2">流经县（区、市）及其长度</th><th colspan="6">流经乡（镇、街道）及其长度</th></tr>
<tr><td rowspan="7">雅安市</td><td rowspan="7">149.14</td><td rowspan="4">石棉县</td><td rowspan="4">83.42</td><td>田湾彝族乡</td><td>16.23</td><td>挖角彝族藏族乡</td><td>22.11</td><td>新民藏族彝族乡</td><td>15.83</td></tr>
<tr><td>先锋藏族乡</td><td>2.29</td><td>新棉镇</td><td>21.79</td><td>安顺彝族乡</td><td>9.66</td></tr>
<tr><td>棉城街道</td><td>5.9</td><td>迎政乡</td><td>5.55</td><td>永和乡</td><td>11.01</td></tr>
<tr><td>宰羊乡</td><td>8.57</td><td>丰乐乡</td><td>8.25</td><td></td><td></td></tr>
<tr><td rowspan="3">汉源县</td><td rowspan="3">77.08</td><td>小堡藏族彝族乡</td><td>16.95</td><td>富林镇</td><td>16.54</td><td>大树镇</td><td>24.32</td></tr>
<tr><td>片马彝族乡</td><td>5.77</td><td>顺河彝族乡</td><td>21.83</td><td>乌斯河镇</td><td>18.86</td></tr>
<tr><td>皇木镇</td><td>2.11</td><td>永利彝族乡</td><td>6.38</td><td></td><td></td></tr>
<tr><td>凉山州</td><td>36.66</td><td>甘洛县</td><td>36.66</td><td>黑马乡</td><td>6.8</td><td>乌史大桥乡</td><td>29.86</td><td></td><td></td></tr>
<tr><td rowspan="12">乐山市</td><td rowspan="12">172.25</td><td rowspan="2">金口河区</td><td rowspan="2">39.78</td><td>永和镇</td><td>20.81</td><td>共安彝族乡</td><td>5.82</td><td>和平彝族乡</td><td>13.99</td></tr>
<tr><td>金河镇</td><td>9.98</td><td>吉星乡</td><td>8.98</td><td></td><td></td></tr>
<tr><td rowspan="2">峨边县</td><td rowspan="2">68.21</td><td>宜坪乡</td><td>10.13</td><td>沙坪镇</td><td>15.8</td><td>新场乡</td><td>4.59</td></tr>
<tr><td>共和乡</td><td>6.17</td><td>毛坪镇</td><td>11.1</td><td>五渡镇</td><td>25.02</td></tr>
<tr><td>沐川县</td><td>7.84</td><td>茨竹乡</td><td>7.84</td><td></td><td></td><td></td><td></td></tr>
<tr><td>峨眉山市</td><td>15.15</td><td>龙门乡</td><td>15.15</td><td></td><td></td><td></td><td></td></tr>
<tr><td rowspan="4">沙湾区</td><td rowspan="4">80.62</td><td>范店乡</td><td>6.24</td><td>龚嘴镇</td><td>16.02</td><td>铜茨乡</td><td>18.26</td></tr>
<tr><td>牛石镇</td><td>7.72</td><td>福禄镇</td><td>11.25</td><td>葫芦镇</td><td>3.98</td></tr>
<tr><td>谭坝乡</td><td>9.8</td><td>沙湾镇</td><td>8.17</td><td>太平镇</td><td>7.01</td></tr>
<tr><td>嘉农镇</td><td>12.04</td><td></td><td></td><td></td><td></td></tr>
<tr><td rowspan="2">市中区</td><td rowspan="2">18.21</td><td>安谷镇</td><td>1.03</td><td>罗汉镇</td><td>6.31</td><td>水口镇</td><td>6.92</td></tr>
<tr><td>车子镇</td><td>0.89</td><td>大佛街道</td><td>4.84</td><td>肖坝街道</td><td>0.14</td></tr>
</table>

文保单位

大渡河流域有全国文物保护单位30个，四川省省级文物保护单位104个。

根据行政区域细分，大渡河流经的阿坝州相关县（市、区）共有全国文物保护单位12个，包括壤塘县3个、马尔康市6个、金川县1个、小金县2个，四川省省级文物保护单位27个，包括壤塘县1个、阿坝县3个、马尔康市8个、金川县5个、小金县10个；甘孜州相关县（市、区）共有全国文物保护单位7个，包括丹巴县2个、泸定县5个，四川省级文物保护单位29个，其中丹巴县6个、康定市4个、泸定县13个；雅安市相关县（市、区）共有全国文物保护单位8个，包括石棉县1个、汉源县7个，四川省省级文物保护单位25个，其中石棉县22个、汉源县3个；凉山州甘洛县有全国文物保护单位1个，四川省省级文物保护单位4个；乐山市相关县（市、区）共有全国文物保护单位2个，均在峨眉山市，四川省省级文物保护单位有19个，包括峨眉山市11个、沐川县2个、市中区6个。

此外，甘孜州色达县有四川省省级文物保护单位6个（无全国文物保护单位）。

阿坝州

1. 文物保护单位名单

序号	名称	时代	类别	市（州）	县（市、区）	级别
1	棒托寺	明、清	古建筑	阿坝州	壤塘县	国家级
2	措尔机寺	元至清	古建筑	阿坝州	壤塘县	国家级
3	日斯满巴碉房	元至明	古建筑	阿坝州	壤塘县	国家级
4	藏哇寺	明至清	古建筑	阿坝州	壤塘县	省级
5	茸安蒙古伸臂桥	清	古建筑	阿坝州	阿坝县	省级
6	柯河姊妹碉	清	古建筑	阿坝州	阿坝县	省级
7	阿坝县伸臂桥群	清	古建筑	阿坝州	阿坝县	省级
8	直波碉楼	清	古建筑	阿坝州	马尔康市	国家级
9	卓克基土司官寨	清	古建筑	阿坝州	马尔康市	国家级
10	哈休遗址	新石器时代	古遗址	阿坝州	马尔康市	国家级
11	大藏寺	明至清	古建筑	阿坝州	马尔康市	国家级
12	甲扎尔甲山洞窟壁画	明至清	古建筑	阿坝州	马尔康市	国家级
13	脚木足河流域古遗址群	新石器时代	古遗址	阿坝州	马尔康市	省级
14	西索民居	清	古建筑	阿坝州	马尔康市	省级

续表

序号	名称	时代	类别	市（州）	县（市、区）	级别
15	草登寺院	清	古建筑	阿坝州	马尔康市	省级
16	昌列寺小经堂	1982年	近现代重要史迹及代表性建筑	阿坝州	马尔康市	省级
17	新木底寺佛塔	明	古建筑	阿坝州	马尔康市	省级
18	莫斯都岩画	商周	石窟寺及石刻	阿坝州	马尔康市	省级
19	天宝故居	1935年	近现代重要史迹及代表性建筑	阿坝州	马尔康市	省级
20	卓木碉会议遗址	1935年	近现代重要史迹及代表性建筑	阿坝州	马尔康市	省级
21	曾达关碉	清	古建筑	阿坝州	金川县	国家级
22	金川县商周遗址	商周	古遗址	阿坝州	金川县	省级
23	御制平定金川勒铭噶喇依之碑	清	古建筑	阿坝州	金川县	省级
24	绰斯甲观音庙	清	古建筑	阿坝州	金川县	省级
25	嘎达山悬空寺	明	古建筑	阿坝州	金川县	省级
26	金川红军革命纪念建筑群	1935年	近现代重要史迹及代表性建筑	阿坝州	金川县	省级
27	沃日土司官寨经楼与碉	清	古建筑	阿坝州	小金县	国家级
28	两河乡白果坪遗址	商周	古遗址	阿坝州	小金县	省级
29	抚边乡菜园坝遗址	商周	古遗址	阿坝州	小金县	省级
30	木坡招牛喇嘛寺遗址	商周	古遗址	阿坝州	小金县	省级
31	木龙寨遗址	商周	古遗址	阿坝州	小金县	省级
32	桥头村遗址	商周	古遗址	阿坝州	小金县	省级

续表

序号	名称	时代	类别	市（州）	县（市、区）	级别
33	结斯喇嘛寺	清	古建筑	阿坝州	小金县	省级
34	三关桥	1923年	近现代重要史迹及代表性建筑	阿坝州	小金县	省级
35	猛固桥	1931年	近现代重要史迹及代表性建筑	阿坝州	小金县	省级
36	抚边红军驻地旧址	1935年	近现代重要史迹及代表性建筑	阿坝州	小金县	省级
37	红一、四方面军会师中央纵队驻地旧址	1935年	近现代重要史迹及代表性建筑	阿坝州	小金县	省级

2. 部分文保单位简介

壤塘县

棒托寺

（一）基本概况。棒托寺坐落在阿坝州壤塘县茸木达乡茸木达村，距县城32千米。棒托寺藏语意为“草坝上的寺庙”。地理坐标为东经101° 03′ 29.1″，北纬32° 31′ 12.3″，海拔3365.5米，棒托寺始建于明至清代，占地面积10229.4平方米，规模宏大，建筑风格独特。寺庙僧侣200余人，均信奉宁玛派、觉囊派，庙旁伏卧名扬海内外的石刻藏文大藏经《甘珠尔》《丹珠尔》。据史料记载，石刻大藏经从明正统年始由60余名石匠辛勤镌刻达9年而成，大藏经高9.7米、长46米、宽13米，占地598平方米，是国内外稀有的石刻佛堂和藏学经典，也是最完整的一部石刻大藏经，具有极高的文物和艺术研究价值。

石刻大藏经周围以500年历史的降魔塔为中心，点缀着“万佛塔”“尊胜塔”“菩提塔”“胜乐塔”“多闻塔”“仙人塔”“长寿塔”“时轮塔”“伏魔塔”等32座塔，有的塔高达42米，有的则只有6米高，高低大小形状各异的塔错落其间。塔内塑有释迦牟尼、观世音等几千尊佛陀和菩萨，绘有几万幅各种佛像画，尊尊形象逼真，栩栩如生。塔林东侧有一菩提小塔，高6米，塔基周长12米，距今已有200多年的历史。据该寺的介绍，每逢吉日或十、十五日，塔内会传出朗朗的诵经声和各种美妙的法器声。历史悠久的棒托寺以其壮丽的庙宇、稀世的石刻大藏经、壮观的塔群及周围秀美的山水傲居于青藏高原一隅，堪称是藏文化的一朵奇葩。保护范围：以吉祥多门塔为中心，向东外延62米，向南外延41米，向西外延93.7米，向北外延43米。建设控制地带：以吉祥多门塔为中心，向东外延62米，向南外延41米，向西外延93.7米，向北外延43米。

（二）历史沿革。该寺始建于元代，2012年菩提塔进行了维修保护，棒托寺于2001年被国务院列为第五批全国重点文物保护单位。

（三）文物构成。棒托寺包括石刻藏文大藏经《甘珠尔》《丹珠尔》和32座佛塔构成。

（四）管理情况。寺庙为集体所有，管理机构为三郎寺寺管委，2013年成立的三郎寺寺管委，为副县级行政单位，负责南木达镇、尕多乡、茸木达乡各寺庙的保护研究相关工作。目前作为传法教育、旅游观光胜地、保存传统文化的作用。

措尔机寺

（一）基本概况。措尔机寺院，全称为“夏尔壤塘桑周罗尔吾伦”，位于中壤塘镇壤塘村，属藏传佛教觉囊派寺院。地理坐标为东经101° 10′ 39.2″，北纬32° 20′ 58.6″，海拔3492.5米，该寺始建于元、明、清年代。总占地面积2500平方米，是中壤塘三大寺之一。现建筑群中仍保存有元、明、清时代建筑四座，保存完好。四座建筑坐北朝南，石木结构，平顶式建筑共三层，横梁平托。大经堂建于1834年，建筑面积495平方米，1982年曾进行维修。经堂面阔八间18.6米，进深九间22米。建筑通高11.5米，大门高2.8米，宽2.20米，5级阶梯式踏道高1米。活佛住宅建于1307年，占地面积125平方米，通面阔9.55米，通进深13.1米，墙厚1米，通高6米。四级阶梯式踏道高0.90米。门厅内壁有元、明、清时代壁画31平方米。康玛庙建于1386年，占地面积423平方米。面阔九间16.2米，进深三间7.80米，通高11.5米，门高2米，宽1.20米。康萨庙建于清代康熙年间，面积663平方米，面阔九间19.31米，进深十一间22.85米，墙厚1.60米，通高10米。措尔机寺现保存有数百幅明、清、民国以及现代绘制的“唐卡”。保护范围：寺院大经堂，寺院四周外墙向东外延52米，向南外延48米，向西外延70米，向北外延74米。

孔玛闭关院：孔玛闭关院四周外墙向东外延6.14米，向南外延32米，向西外延42米，向北外延39米。建设控制地带：寺院大经堂，寺院四周外墙向东外延52米，向南外延48米，向西外延70米，向北外延74米。孔玛闭关院：孔玛闭关院四周外墙向东外延6.14米，向南外延32米，向西外延42米，向北外延39米。

（二）历史沿革。该寺始建于1307年，2015年对康萨、大经堂、活佛住宅进行了维修保护，措尔机寺于2006年被国务院列为第六批全国重点文物保护单位。

（三）文物构成。措尔机寺包括经堂1座、康玛庙1座、康萨庙1座、活佛住宅1幢。

（四）管理情况。寺庙为集体所有，管理机构为藏哇寺寺管委，2013年成立的藏哇寺寺管委，为副县级行政单位，负责中壤塘镇、上壤塘乡各寺庙的保护研究相关工作。目前作为传法教育、旅游观光胜地、保存传统文化的作用。

日斯满巴碉房

（一）基本概况。日斯满巴碉房位于壤塘县宗科乡加斯满村石波寨，地理坐标为东经101° 05′ 08.3″，北纬31° 47′ 39.1″，海拔3232米，始建于元末明初，占地面积1000平方米，日斯满巴碉房是四川省乃至全国发现的年代最久、规模最大、层数最多、建筑最高的藏族传统民居建筑，它被誉为“藏族民房之王”。是一座非常典型的藏族传统民居碉房。在灿烂的民居建筑星河之中，日斯满巴碉房反映了藏民族悠久的历史文化传统和崇高的审美意识，堪称藏民族建筑艺术宝库里一颗耀眼之星。碉房为片石砌墙，石木结构平顶建筑，碉房坐西向东，依山顺势，墙基北高南低，平面布局为长方形。碉房为九层，下大上小，底层为牲畜圈，第二层北为厨房，南为客厅，第三、四层为寝室，第五层为经堂，第六层以上为杂物库房。保护范围：占地范围向东外延55米，向北外延5米，向西外延7米，向南外延10米。建设控制地带：占地范围向东外延55米，向北外延5米，向西外延7米，向南外延10米。

（二）历史沿革。该寺始建于元代，2020年对碉房主体进行了维修保护，日斯满巴碉房于2006年被国务院列为第六批全国重点文物保护单位。

（三）文物构成。建筑1栋。

（四）管理情况。日斯满巴碉房为个人所有。管理机构为壤塘县宗科乡人民政府，目前作为旅游观光胜地、保存传统文化的作用。

藏哇寺

（一）基本概况。寺庙位于壤塘县中壤塘镇壤塘村，属藏传佛教觉囊派，由克周罗珠郎创建于1657年。地理坐标为东经101° 10′ 46.4″，北纬32° 20′ 52.4″，海拔3481.3米。年代为清代，占地面积占地面积2765平方米，建筑面积2765平方米，寺庙主要由有肉身殿（内置藏经阁）、喇嘛云吞壤故居、闭关中心（内置护法殿）、大经堂、度母殿、弥勒殿、学经点等构成，藏哇寺建筑群以藏经阁为中心，依山就势而建，经藏哇寺历代法王在壤巴拉塘山坡上下不断扩建，加盖金顶，逐渐增加了许多藏汉与传统相结合的建筑物，从而形成了逶迤重叠、规模宏大的建筑群。寺庙藏有数量众多的木刻经板。这些经板刻有西藏各教派高僧的佛学论文传记等内容，包括觉囊派历代高僧们的佛学著述。这些木刻经板涉及的佛学、历史、文学等领域，而且所刻经板都是稀世版本。为拯救藏民族文化遗产起到了不可替代的作用。它是藏民族，甚至中华民族的文化宝库。其中经堂坐西朝东，石木结构，两层平顶式建筑，面阔48.5米，进深57米，通高11米，墙厚1.5米。南北两壁均有十五扇对开木窗。经堂内有方柱100根，前厅有方柱36根，外侧均有柱础，柱础直径1.5米，托木上雕刻有金翅鸟等护法神。现经堂正扩建维修。藏哇寺对了解觉囊派的梵乐具有特殊意义。保护范围：经堂东10米，南10米，西10米、北10米。建设控制地带：经堂东10米，南10米，西10米、北10米。

（二）历史沿革。寺庙创建于1657年，2012年被四川省人民政府公布为第八批省级文物保护单位。

（三）文物构成。包括肉身殿（内置藏经阁）、喇嘛云吞壤故居、闭关中心（内置护法殿）、大经堂、度母殿、弥勒殿、学经点等。

（四）管理情况。寺庙为集体所有，管理机构为藏哇寺寺管委，2013年成立的藏哇寺寺管委，为副县级行政单位，负责中壤塘镇、上壤塘乡各寺庙的保护研究相关工作。目前作为传法教育、旅游观光胜地、保存传统文化的作用。

阿坝县

茸安蒙古伸臂桥

（一）基本概况。茸安蒙古伸臂桥位于阿坝州阿坝县茸安乡安坝村，村委会东北面2000米。地理坐标为东经101° 37′ 13.2″，北纬32° 32′ 02.0″，海拔3023.3米。东西横跨日阿曲河。桥面长12.6米，宽3.7米。占地面积46.62平方米。桥面距河面高5.9米。木质桥墩，桥墩由7层圆木搭建而成，内添石块。3阶伸臂，伸臂由6根圆木并列而成，臂长12.3米。桥面由4根圆木纵向平铺而成，上搭横向木板。每侧有望柱11根，有桥栏，望柱由夹板构成，夹板采用上下两块木板组成，由榫卯结构连接而成。2007年5月被省人民政府公布第七批省级文物保护单位。

保护范围：桥向东延伸30米，向西延伸20米。建设控制地带：以桥主体保护范围外延20米。

（二）历史沿革。茸安蒙古伸臂桥始建于清代，2022年10月对茸安蒙古伸臂桥进行保护修缮，2007年5月被省人民政府公布第七批省级文物保护单位。茸安蒙古伸臂桥已有百年历史，是现存仍在使用的大型伸臂桥，伸臂桥在阿坝地区的发展提供了重要实物依据。

（三）文物构成。包括桥墩、桥面、桥柱等。

（四）管理情况。茸安蒙古伸臂桥产权为国有，管理单位为阿坝县茸安乡人民政府，目前由该地区村民用于生活、生产等进行使用。

柯河姊妹碉

（一）基本概况。柯河姊妹碉位于阿坝州阿坝县柯河乡下玛荣村麻尔曲河南岸80米，地理坐标为东经101° 21′ 44.7″，北纬32° 35′ 54.5″，海拔3024米。楼碉坐东南向西北。有楼碉2座，称姐妹碉，又称大小二碉楼，整体呈台锥体。主碉面阔5.2米，进深4.5米，高14米，墙厚1.1米，西侧为木门。副碉面阔4米，进深3.5米，高11米，墙厚1米。两碉间距2米。分布面积70平方米。木石结构，平面均为长方形，从下往上逐渐内收，平顶。保护范围：东至碉楼外35米，南、西、北以麻曲河为界。

（二）历史沿革。柯柯姊妹碉始建于清代，2018年5月，对柯河姊妹碉进行保护修缮，2012年7月被四川省人民政府公布为第八批省级文物保护单位。

（三）文物构成。包括两座独立石碉等。

（四）管理情况。柯河姊妹碉产权为国有，目前柯河碉楼由下荣玛村村民使用，管理单位为阿坝县柯河乡人民政府，目前作为我县摄像、观景点使用。

伸臂桥群

（一）基本概况

1.德杰桥伸臂桥位于阿坝县查理乡神座村，村委会东南30米，地理坐标为东经101° 57′ 28.4″，北纬32° 43′ 44.4″，海拔3194.4米。南北横跨日阿曲河。桥面由6根圆木纵向平铺而成，上搭横向木板。桥面长25米，宽5米。占地面积160平方米。桥面距河面高4.7米。木质桥墩，桥墩由7层圆木搭建而成，内添石块。4阶伸臂，臂长7米。每阶伸臂由6根圆木并列而成，该桥呈南高北低之势。两侧有望柱5根，无桥栏，望柱由夹板构成，夹板采用上下两块木板组成，由榫卯结构连接而成。

2.庄戈伸臂桥位于阿坝县安羌镇纳昆村，地理坐标为东经101° 54′ 33.7″，北纬32° 43′ 01.3″，海拔3167米。南北横跨日阿曲河。桥面由4根圆木纵向平铺而成，桥面长13米，宽1.5米，占地面积50平方米，桥面距河面高3.2米。两侧有望柱4根，无桥栏。木质桥墩，四阶伸臂，臂长10米，伸臂由3阶5根圆木并列组成。历年来进行过数次维修，现仍在使用，为全村居民唯一的渡河交通设施。

3.新折伸臂桥位于阿坝县安羌镇纳昆村，村委会西南30米，地理坐标为东经101° 55′ 33.7″ ，北纬32° 42′ 46.8″ ，海拔3164.7米。横跨日阿曲河。桥面由4根圆木纵向平铺而成。桥面长14米，宽1.6米。占地面积61平方米。桥面距河面高3.5米。两侧有望柱5根，无桥栏。木质桥墩，3阶伸臂，臂长12米，伸臂由5根圆木并列组成。据寨内老人讲该桥使用近百年。

4.色尔然伸臂桥位于阿坝县查理乡神座村，村委会西南60米，地理坐标为东经101° 57′ 05.1″ ，北纬32° 43′ 42.1″ ，海拔3184.7米。南北横跨日阿曲河。桥面由4根圆木纵向平铺而成，桥面长22米，宽4.5米。占地面积190平方米，桥面距河面高4.2米。木质桥墩，桥墩由7层圆木搭建而成。3阶伸臂，由河面向上为1阶，由5根圆木并列而成，2阶7根圆木并列而成，3阶5根圆木并列组成。两侧有望柱7根，无桥栏，望柱由夹板构成，夹板采用上下两块木板组成，由榫卯结构连接而成。

5.哈尔美伸臂桥位于阿坝县垮沙乡垮山村东面900米，地理坐标为东经101° 32′ 49.3″ ，北纬32° 36′ 43.0″ ，海拔3073.6米。横跨则曲河。南北走向。桥面长16.3米，宽4.3米。占地面积71平方米。石砌桥墩，3阶伸臂，由河面向上为1阶，由7根圆木并列而成，2阶8根圆木并列而成，3阶8根圆木并列组成，无桥栏，桥面距河面高4.1米。据寨内老人讲该桥原为小型伸臂桥，后因需要改建为能过车辆的大型伸臂桥。

6.哈尔伸臂桥位于阿坝县茸安乡安坝村，村委会东北3000米，地理坐标为东经101° 37′ 14.3″ ，北纬32° 32′ 07.2″ ，海拔2981.5米。南北横跨日阿曲河之流。桥面长14.2米，宽2.3米。占地面积41.96平方米。木质桥墩，桥墩由3层圆木搭建而成，内添石块。3阶伸臂，伸臂由5根圆木并列而成，臂长9.3米。桥面由5根圆木纵向平铺而成，上搭横向木板。每侧有望柱9根，有桥栏，望柱由夹板构成，夹板采用上下两块木板组成，由榫卯结构连接而成，桥面距河面高5.2米。

7.出你伸臂桥位于阿坝县茸安乡乡蒙古村，村委会西侧300米，地理坐标为东经101° 41′ 24.4″ ，北纬32° 35′ 09.6″ ，海拔3031.6米。南北横跨阿曲河。桥面长30米，宽1.5米。占地面积52.8平方米。木质桥墩，桥墩由3层圆木搭建而成，内添石块。3阶伸臂，伸臂由4根圆木并列而成，臂长7.8米。桥面由5根圆木纵向平铺而成，上搭横向木板。每侧有望柱9根，有桥栏，河中桥墩由20根圆木组成；高7.3米，分水箭由19根圆木组成，由榫卯结构连接而成，桥面距河面高6.9米。

8.共巴伸臂桥位于阿坝县安羌镇塔尔么村，村委会东50米。地理坐标为东经101° 50′ 47.2″，北纬32° 39′ 01.2″，海拔3124.4米。东西横跨阿曲河。桥面长11.5米，宽2.2米。占地面积37.1平方米。木质桥墩，桥墩由18层圆木搭建而成，内添石块。3阶伸臂，伸臂由5根圆木并列而成，臂长11.8米。桥面由4根圆木纵向平铺而成，上搭横向木板。有望柱3根，有桥栏。

9.阿斯久伸臂桥位于阿坝县茸安乡阿斯久村，村委会南100米。地理坐标为东经101° 47′ 56.1″，北纬32° 28′ 22.2″，海拔3094米。南北横跨阿曲河。桥面长13.7米，宽1.5米。占地面积36平方米。木质桥墩，桥墩由16层圆木搭建而成，内添石块。3阶伸臂，伸臂由4根圆木并列而成，臂长10米。桥面由4根圆木纵向平铺而成，上搭横向木板。每侧有望柱4根，有桥栏，桥面距河面高6.7米。

10.因母伸臂桥位于柯河乡上玛荣村，在麻尔曲河上，地理坐标为东经101° 15′ 23.2″，北纬32° 36′ 06.2″，海拔3078.3米。南北走向横跨于麻尔曲河上。桥面由三段组成，通长225米，宽5.4米。占地面积1215平方米。桥面距河面高4.7米。桥体为全木结构，六阶伸臂。桥墩为12层木质构架内添石块，河中桥墩两座，呈去尖菱形，长11米，高6米，由13层圆木搭建而成，内部填满卵石，由六根圆木并排纵向平铺，上加横向小圆木组成。麻尔河由西向东在桥下流过。该桥已有百年历史，是现存仍在使用的大型伸臂桥，此桥的发现对研究伸臂桥在阿坝地区的发展提供了重要依据。

11.夺兄达伸臂桥位于柯河乡上玛荣村大古寨100米麻尔曲河上，地理坐标为东经101° 17′ 55.3″，北纬32° 35′ 59.6″，海拔3049.9米。南北走向横跨于麻尔曲河上。桥面由三段组成，通长255米，宽5米，由五根圆木并排纵向平铺，上加横向小圆木组成。占地面积1275平方米，桥面距河面高

5.7米。桥体为全木结构，五阶伸臂。桥墩为11层木质构架内添石块，河中有桥墩一座，呈去尖菱形，长11米，高6米，由11层圆木搭建而成内部填满卵石，桥面距河面高5.7米。麻尔河由西向东在桥下流过。

12.然木卡伸臂桥位于柯河乡上玛荣村，麻尔曲河上，地理坐标为东经101° 20′ 04.0″，北纬32° 36′ 06.6″，海拔3033米。南北走向横跨于麻尔曲河上。麻尔河由西向东在桥下流过。桥面长11米，桥面宽5米，高6米。占地面积1225平方米。桥面距河面高4.7米。桥体为全木结构，四阶伸臂。桥墩为8层木质框架内添石块，河中有桥墩1座，桥墩呈箭头形，为全木结构，四阶伸臂。北端部分桥体拆除，仅存半座桥梁仍在使用。

13.色日伸臂桥遗址。位于柯河乡下玛荣村，村委会100米麻尔曲河上，地理坐标为东经101° 21′ 46.7″，北纬32° 36′ 19.7″，海拔3032.2米。仅存桥墩两座，桥墩现长、宽2.6米，高3米，占地面积14平方米，5阶伸臂保存于桥墩上，伸臂由5根圆木并排而成，桥墩中间麻尔河由西向东在桥下流，西侧有水泥吊桥取代该桥。

14.茸昆桥遗址，位于柯河乡下玛荣村，村委会西南面200米麻尔曲河上，地理坐标为东经101° 23′ 03.0″，北纬32° 35′ 37.5″，海拔3019.1米。桥墩为正方形，边长2米，高3米，占地面积4平方米，桥面和东北侧桥墩以全部垮塌，只留东南侧的桥墩及伸臂，桥墩为24层石木结构，残存3阶伸臂。桥墩中间麻尔河由西向东在桥下流过。目前保护范围及建设控制地带暂未划定。

（二）历史沿革。阿坝县伸臂桥群始建于清代，德杰伸臂桥、庄戈伸臂桥第二批被公布为县级文物保护单位；新折伸臂桥、色尔然伸臂桥、哈尔美伸臂桥、哈尔伸臂桥、出你伸臂桥、共巴伸臂桥、阿斯久伸臂桥、夺兄达伸臂桥、然木卡伸臂桥、色日桥、茸昆桥，2013年8月被阿坝县人民政府公布为第三批县级文物保护单位。因母桥，新折伸臂桥、色尔然伸臂桥、哈尔美伸臂桥、哈尔伸臂桥、出你伸臂桥、共巴伸臂桥、阿斯久伸臂桥、夺兄达伸臂桥、然木卡伸臂桥、色日桥、茸昆桥，2017年11月被阿坝州人民政府公布为第二批州级文物保护单位。2019年1月，阿坝县伸臂桥群被四川省人民政府公布为第九批省级文物保护单位。阿坝县伸臂桥群已有百年历史，伸臂桥群的发现对我县研究伸臂桥在阿坝地区的发展提供了重要依据。

（三）文物构成。包括德杰桥伸臂桥、庄戈伸臂桥、新折伸臂桥、色尔然伸臂桥、哈尔伸臂桥、出你伸臂桥、共巴伸臂桥、阿斯久伸臂桥、因母伸臂桥、夺兄达伸臂桥、然木卡伸臂桥、色日桥、茸昆桥等14座伸臂桥构成。

（四）管理情况。阿坝县伸臂桥群，分布于柯河乡、垮沙乡、茸安乡、查理乡、安羌镇境内，产权为国有，由茸安乡、柯河乡、查理乡、安羌镇、垮沙乡等村民使用，管理单位为阿坝县茸安乡人民政府、查理乡人民政府、垮沙乡人民政府、安羌镇人民政府、柯河乡人民政府，目前作为四乡一镇村民用于生活、生产等进行使用。

马尔康市

直波碉楼

（一）基本概况。碉楼位于四川省马尔康市松岗镇直波村，地处梭磨河南岸、莫斯都沟东岸的三角形一级台地上，地理坐标为东经102° 06′ 11.7″ 、北纬31° 54′ 55.8″ 。松岗，为藏语“绒嘎”的译音，意为“峡口上的官寨”，松岗官寨是松岗土司的子官寨，历经日郎木甲、牛麦、彭措三代土司修建而成。清康熙年间，土司苍旺尔甲在原两座官寨间又修新官寨，把旧官寨连起来，仿照西藏布达拉宫形式，把残破的官寨维修一新，自称“小布达拉”。清乾隆十四年（1749年），松岗土司随清军从征金川有功，被朝廷授封“松岗长官司”，并颁发“松岗长官司印”。直波村的碉楼于清代中叶建成（具体建造时间不详）。碉楼共两座，依山势呈东西向分布，南碉在村内，北碉在村北山脊上。两碉间距130米，皆为八角碉，石木砌筑，整体由下往上渐内收成截顶锥体，顶层均做外露式折角以增美感。内置独木梯上下。南碉占地面积约37.9平方米，平面外呈八角形，内呈不规则。一层碉楼的单边长度1.63~1.93米、墙厚0.95米、碉楼地面以上通高32.39米，共13层。其中仅东南侧面向梭磨河上游方向有一较大瞭望窗（六层）外，其余仅在碉北、西两墙每层均开1~2个内大外小的竖长条形小窗。碉楼大门设在碉楼二层，内部各层之间均有木楼梯相连，可直达碉顶。北碉占地面积约45.76平方米，平面外呈八角形，内部亦呈圆形。一层碉楼的单边长度1.47~2.03米、墙厚0.9米、碉楼地面以上通高32.389米，共11层。第2~4层北、西面墙上各开一门，大小分别与南碉的门基本相同。第一层的东墙及第四层的东墙、第四层的南、北、南墙上各开一道小窗，东南、东北墙的1~2层亦各开有一个边长0.20米的方形瞭望孔，碉楼顶双层向外叠涩收边，碉顶有垛口。保护范围：以各碉楼占地范围外延5米。建设控制地带：保护范围外延20米。

（二）历史沿革。1989年1月，直波碉楼被阿坝州人民政府公布为第一批州级文物保护单位。1991年6月，被四川省人民政府公布为第三批四川省文物保护单位。2001年6月25日，直波碉楼被国务院公布为第五批全国重点文物保护单位，编5-384-3-190。

（三）文物构成。由两座碉楼构成。

（四）管理情况。1995年，马尔康县文物保护管理所成立，为马尔康市文化体育和旅游局下属股级股室，负责碉楼的日常管理及保护相关工作。

卓克基土司官寨

（一）基本概况。卓克基土司官寨位于川西北高原上美丽的梭磨河畔，通往小金、成都和马尔康的交叉路口，距马尔康县城7千米，地理坐标为东经102° 17′ 50.1″，北纬31° 52′ 10.0″。卓克基土司始于元朝至元二十三年，也就是1286年，由梭磨土司日迦查完磐的三儿子斯达崩到这里就职，“卓克基斯达崩”就此成为了卓克基的第一任土司。建筑以木、石、黏土这三要素为修筑官寨的基础，主体由四组高大的石木楼房组合而成，而且没有用一颗铁钉，而是由木头穿插衔接而成，充分体现了嘉绒人民的智慧和高超的建筑技艺，被美国著名作家《纽约时报》总编索尔兹伯里赞誉为“东方建筑史上的一颗明珠”，他是红军长征途中毛泽东、周恩来、张闻天等领导人居住过的地方，“红军长征途中最有特色的建筑”“古有郿屋，今有官寨”是毛泽东同志对他的赞誉，这里也是著名嘉绒作家阿来获得矛盾文学奖的作品《尘埃落定》的故事原型和电视剧的外景拍摄地。总占地面积为5400平方米。保护范围：以官寨主体建筑外墙为基线，向北至官寨北侧道路边线，向东18.4米至官寨东侧院墙，向南15米至官寨南侧新修院墙，向西14.8米至官寨西侧步行道路。建设控制地带：北至梭磨河南岸，东至保护范围外延50米至海拔2683米的土坎，南至保护范围外延50米，西至纳足沟东岸。

（二）历史沿革。1986年马尔康被批准为革命老区，1988年官寨被国务院列为第三批国家重点文物保护单位。2005年被列入全国百家红色经典旅游景区。

（三）文物构成。分别由围墙、高碉、隔壁、牢房、官寨主体建筑构成。

（四）管理情况。2021年，马尔康市成立了文化生态旅游开发中心，为马尔康市文化体育和旅游局下属正科级公益一类事业单位，负责卓克基土司官寨保护研究相关工作。

哈休遗址

（一）基本概况。哈休遗址位于马尔康市沙尔宗镇哈休村一组，地处茶堡河北岸三级阶地之上，地理坐标为东经102° 9.0′ 4.0″ ，北纬32° 10′ 3.0″ 。2003年大渡河上游古文化遗址调查时发现。2006年3月，阿坝州文物管理所、成都文物考古研究所、马尔康县文化体育局联合进行了考古拭掘，揭露面积83平方米，发现灰坑等遗迹十余处，出土了陶器、玉石器、骨角器、蚌器、兽骨等类遗物上千件。并对灰坑内的填土进行浮选，发现粟等农作物炭化物。哈休遗址是至今大渡河上游地区发现的年代最早的史前文化遗址，也是四川地区目前发现年代最早的新石器时代文化遗址之一，对于探讨中国古代南北文化的时空关系、民族交往和迁徙等课题方面具有极其重要的学术意义，丰富了川西高原新石器时代考古研究的内涵。总面积近10万平方米。保护范围：遗址所在台地外延5米。建设控制地带：保护范围外延20米。

（二）历史沿革。2013年3月，被国务院公布为第七批全国重点文物保护单位。

（三）文物构成。由一块台地构成。

（四）管理情况。1995年，马尔康县文物保护管理所成立，为马尔康市文化体育和旅游局下属股级股室，负责哈休遗址的日常管理及保护相关工作。

大藏寺

（一）基本概况。大藏寺院位于马尔康县大藏乡春口村，距马尔康县城108千米，属藏传佛教之格鲁派寺院。大藏寺全名为：大藏隆洲林，意为任运圆满成就寺，建于1414年，由查柯·阿旺扎巴亲自主持修建。占地面积约15万平方米，建筑面积约20860平方米，整座寺院由正殿、护法殿、罗汉殿、观音殿、未来佛殿、宗喀巴殿、配殿以及僧侣住房等组成，为传统石木结构，建筑技艺高超，现存明、清时期的建筑有五座，墙体上保留有较为完整的明、清时期的壁画。大藏寺曾发展至过百间建筑物，如同一座小城，寺僧在寺院全盛时代超过八百人之多，由于其寺史悠久，规模巨大，大藏寺被尊称为“札仓第二”，地位仅次于格鲁派祖庭甘丹寺。在明、清两代，寺院多次受到帝皇及朝廷赏赐，其中包括法物、印章、黄金、宝物、布料及僧人日用所需，并为当地十八土司的支持及供养，成为川西北一带的佛法权威与中枢。寺院至今保存收藏有清朝皇帝诏谕，朝庭赐予的象牙印章，历代出版的珍贵典籍《甘珠尔》《丹珠尔》，明、清、民国时期绘制的“唐卡”画，泥、石、铜佛像和法器、金水、银水书写的佛经，以及铠甲残片等各类文物数百余件。护法殿，建于明永乐十二年（1414年），座南向北，石木结构，平顶式建筑共两层，通高17.8米，面阔16.9米，通进深18.6米，墙厚1米，门宽1.4米，高2米。殿内四壁有清代壁画，画工精湛，保存较完整。上世纪六十年代曾被作为公社粮仓使用，建筑基本保持了原有风貌。

（二）历史沿革。1986年马尔康被批准为革命老区，1988年官寨被国务院列为第三批国家重点文物保护单位。2005年马尔康被列入全国百家红色经典旅游景区。

（三）文物构成。寺院文物建筑由正殿、护法殿、罗汉殿、观音殿、未来佛殿、宗喀巴殿以及僧侣住房等18个文物建筑组成。

（四）管理情况。大藏寺管理机构为大藏寺院管理委员会，隶属于马尔康市宗教局。

甲扎尔甲山洞窟壁画

（一）基本概况。甲扎尔甲山洞窟壁画位于马尔康市白湾乡大石凼村甲扎尔甲山，距乡政府驻地约5千米，该洞窟始用年代不详，洞口座北向南，北临杜柯河。该处被当地群众称为是唐时藏传佛教“七觉士”之一、藏族著名译师麦若扎拉修行的地方，是当地信教群众朝拜圣地。现洞窟内壁上保存有大量明末清初代彩绘的藏传佛教壁画，内容丰富，线条流畅，色泽鲜艳，是研究了解明末清初川西北高原藏传佛教绘画艺术不可多得的实物资料，具有很高的研究价值。

（二）历史沿革。2013年3月，被国务院公布为第七批全国重点文物保护单位。

（三）文物构成。甲扎尔甲山洞窟壁画洞窟为一天然岩石洞穴，北临杜柯河，距河床垂直距离约300米，壁画内容以各式佛像为主，内容丰富，线条流畅，色泽鲜艳，是研究了解明清时期川西北高原藏传佛教绘画艺术不可多得的实物资料，具有很高的佛教历史研究价值。

（四）管理情况。

目前由四川省阿坝藏族羌族自治州马尔康县白湾乡人民政府管理。

脚木足河流域古遗址群

（一）基本概况。所有遗址中以试探性挖掘的哈休遗址为代表，该遗址位于马尔康县沙尔宗乡哈休村一组，地处茶堡河北岸三级阶地之上，总面积近10万平方米。2003年大渡河上游古文化遗址调查时发现。2006年3月，阿坝州文物管理所、成都文物考古研究所、马尔康县文化体育局联合进行了考古挖掘，揭露面积83平方米，发现灰坑等遗迹十余处，出土了陶器、玉石器、骨角器、蚌器、兽骨等类遗物上千件。并对灰坑内的填土进行浮选，发现粟等农作物炭化物。

（二）历史沿革。2002年12月31日，被四川省人民政府公布为省级重点文物保护单位。

（三）文物构成。由几阶土地构成，总面积近10万平方米。

（四）管理情况。

目前由遗址所在地村村民使用。

西索民居

（一）基本概况。西索民居位于四川省阿坝州马尔康县卓克基镇西索村一组，是嘉绒藏族最典型的村寨，依山傍水，建筑群占地面积约25705平方米，完整的保持了“众皆依山居止、累石为室”的建筑特色和风格。西索民居分布在南北长约200米，东西宽约150米的范围内，建筑群落由民居、西索寺庙、村委会活动室等构成。整体依山势布局，村寨中心区域为空地，原为卓克土司出巡或有重大事务时召集百姓，集结人员的场所，现为西索村村委员会活动场地，四周皆为民居建筑。有大小65座民居建筑，风格相同，均为传统石木结构，大者占地一百多平方米，小者占地50平方米以上，占地平面呈四方形，四方墙体以片石垒砌黄泥沟逢，各墙面砌筑内直外收，墙体表面内收呈弧形，楼层三至四层不等，底层为畜圈，第二层为“锅庄”（即厨房）客厅及住房、三层向阳面为经堂，经堂边设僧人客厅及住房，墙角设桑烟台，屋顶为人字坡顶或半坡顶，各楼层间采用檩子（即手宛粗细的树枝）上铺黄泥夯实再铺木板，整座房屋具背风、向阳、保暖、防盗、防卫等特点。民居群落的东南角有距今约700余年的古寺——西索寺，其建筑风格与民居同，座南朝北，为原卓克基土司创建，系历史上土司祷求平安及实施宗教活动的重要场所，西索寺（又名丹达伦寺）坐南朝北，单体建筑，占地300平方米，建筑面积900平方米，面阔三间14米，进深21.5米，共三层通高13米，周边均为民居。寺庙建筑平面呈“回”字形，中心为大经堂，经堂内外墙彩绘大量佛经壁画，绕经堂外墙一圈为转经廊。西索寺内现存壁画为清代壁画，用天然矿物颜料绘制而成，其笔法娴熟，色泽鲜艳，画工精湛，风格独树，具有较高艺术价值。

（二）历史沿革。2004年12月，被四川省人民政府公布为第六批省级文物保护单位。

（三）文物构成。民居建筑65座、寺庙1座。

（四）管理情况。

西索民居管理机构为西索村村民委员会，隶属于马尔康镇人民政府。

昌列寺小经堂

（一）基本概况。昌列寺小经堂位于马尔康市马尔康镇英波村昌列寺内，海拔3524米，建于13世纪40年代，属藏传佛教宁玛派。20世纪80年代该寺与信教群众在原址、进行了恢复重建，该经堂位居寺院西南角，单体二层土木结构，由门厅、转经廊、正殿组成，重檐歇山顶，抬梁式梁架，外墙为石砌，外收内直，垂带式踏道20级，经堂平面呈长方形，坐西朝东，占地面积620平方米。面阔23.4米，进深26.5米，中心有4柱升至2层，二层西北角为小经堂，保存有大量珍贵文物。

（二）历史沿革。2012年7月被公布为四川省第五批文物保护单位。

（三）文物构成。该经堂位居寺院西南角，单体二层土木结构，由门厅、转经廊、正殿组成。

（四）管理情况。

现由昌列寺民主管理委员会使用。

新木底寺佛塔

（一）基本概况。新木底寺佛塔位于四川省阿坝藏族羌族自治州康山乡雅尔珠村境内。新木底寺佛塔始建于15世纪，距今约有500余年的历史，系藏传佛教觉囊派。一世活佛曲尔吉·嘉瓦让继承觉囊大师仲·然拉西日遗教，弘扬觉囊，重修法幢，得到了当时松岗、梭磨、卓克基等地方政治势力的支持，很快在县境内亚拉山周围建起五座寺庙，该寺就是其中之一。该塔坐西向东，为石木结构。佛塔各层内壁绘有早期壁画，画工精湛，具有较高的艺术价值。20世纪80年代，当地信教群众及僧侣自发组织对该佛塔进行了较大的修缮。

（二）历史沿革。2019年1月被公布为四川省第五批文物保护单位。

（三）文物构成。该塔占地面积225平方米，坐西向东，石木结构，平面呈“十”字多边形。底边长14.8米，通高22米。塔瓶以下，共四层，每层四面开门。塔瓶北面开开门，外侧等距分布24柱支撑塔瓶披檐。塔瓶分两层，内有独木梯上下至塔瓶顶部。

（四）管理情况。

现由新木底寺民主管理委员会使用，由马尔康市民宗局管理。

莫斯都岩画

（一）基本概况。

莫斯都岩画由三块独立岩石组成，石质均为花岗岩，以三角形态分布在方圆50米范围内。由北向南依次编号为一号、二号、三号岩画，一、二号之间南北相距18米，3号与2号东西相距25米。1号岩画东西长2.9米，南北宽1.7米，露出地表0.3米，南高北低呈“楔”形。凿刻面光洁平整，内容较二号、三号岩画更为丰富。二号岩画体量最大，南北长4米，东西宽3.7米、露出地表0.5~0.6米。岩画主要分布在岩石东西两侧及岩石顶部，但内容较为零星。三号岩画凿于较为突兀圆滑的岩石之上，南北长1.6米，东西宽1.35米，高0.9米，岩画分布于岩石顶部，画幅较小。3处岩画所刻图案均为人物、动物或狩猎、舞蹈等生产生活场景及个别不明含义的符号，图案由点状凿痕连成线条构成，线条流畅、生动。

（二）历史沿革。2017年6月1日被四川省人民政府公布为省级文物保护单位。

（三）文物构成。莫斯都岩画由原来的三块和新发现的四号岩画独立岩石组成。

（四）管理情况。现由马尔康市人民政府管理。

天宝故居

（一）基本概况。天宝故居位于马尔康市党坝乡石果坝村。系天宝同志青年时期居住生活之所。石木结构，共五层，通高约13米。坐西向东，平面呈长方形，长12米，宽11米，占地面积132平方米，底层为牛圈；二层为厨房及客厅，三层为寝室、储物间及卫生间，四层为经堂及晒场，北侧收至五层，人字坡顶施红瓦。2007年进行过维修。现天宝侄女居住于此。

（二）历史沿革。天宝故居在2020年被公布为四川省第九批省级文物保护单位。

（三）文物构成。石木结构，共五层，通高约13米。坐西向东，平面呈长方形，长12米，宽11米，占地面积132平方米，底层为牛圈；二层为厨房及客厅，三层为寝室、储物间及卫生间，四层为经堂及晒场，北侧收至五层，人字坡顶施红瓦。2007年进行过维修。

（四）管理情况。现由天宝侄女益西哈姆使用，由马尔康市文物管理所和党坝乡人民政府共同管理。

卓木碉会议旧址

（一）基本概况。

1935年10月5日，张国焘在脚木足乡白莎村的白莎喇嘛庙召开了所谓“党的活动分子会”，宣布成立了“中国共产党临时中央委员会”，史称卓木碉会议。

参加会议的有朱德、刘伯承、徐向前、陈昌浩、罗炳辉等军级以上干部四五十人。张国焘在会上反对党中央、毛泽东同志北上抗日的正确方针，公然宣布另立中央。虽遭朱德、刘伯承等人坚决抵制，会议还是在张国焘的把持下，作出了《关于成立第二中央的组织决定》，宣布成立“中国共产党临时中央委员会”，并自命为“主席”，宣布成立了“中央政治局”“中央书记处”“中革军委”“团的中央”等机构。宣布“毛泽东、周恩来、博古（秦邦宪）、洛甫（张闻天）应撤销工作，开除中央委员及党籍，并下令通缉。杨尚昆、叶剑英应免职查办”。同时成立了中共大金省委员会（即中共大金省委），以领导大小金川根据地的创建工作。

“卓木碉会议”标志着张国焘分裂党和红军的活动达到了高潮，是张国焘机会主义背离党中央走得最远的一步，在中国共产党的历史上制造了反党反分裂活动的空前记录，导致了刚刚汇合的红军力量的分散，严重影响了党和红军北上创建抗日根据地、推动全国抗日民主运动发展的进程，给中国革命事业造成了不可估量的损失。

（二）历史沿革。2020年被公布为四川省第九批省级文物保护单位。

（三）文物构成。原白莎喇嘛庙已毁，现仅残存长8.6米，高2.9米的片石残墙。

（四）管理情况。现由若布洛寺庙管理委员会使用。

金川县

曾达关碉

（一）基本概况。曾达关东碉楼属于于金川县曾达乡曾达村，位于金川河左岸的曾达碉楼山山腰处，东墙靠山。北侧墙壁面河，距金川河岸200米，高出河面约30米。金川河在此呈直角转弯，有南北向转为东西向。碉楼东距曾达大桥约300米，中间为乡政府所在的曾达沟。政府距碉楼约55米。东墙中心地理坐标为东经102° 00′ 43.8″ ，北纬31° 12′ 16.4″ ，以东5米处有一电线杆。该碉楼为四角石碉楼，坐西向东，系用片石垒砌。平面呈正方形，边长5.2米，墙厚0.4米，通高28米。顶部呈屋檐状。整座碉楼共有五个瞭望口，其中一个位于靠山一侧墙壁的中上部，另有两个分别位于南墙下部和中上部，还有两个分别位于西墙下部和中部。此外，南墙上还有八个射击孔，为长约0.3米，宽约0.1米的长方形，皆位于南墙中轴线上，呈不等距直线分布。该碉楼保存完整，只东南角底部至南墙中线中部有一条约16米的裂缝。现无人使用。其正西略偏北约360米处为曾达关遗址。其西北面430米处为曾达关西碉楼。东碉楼与西碉楼为清乾隆十一年（1746年）大金土司沙罗奔为防御清军而建。碉楼居高临下，扼守着南北交通的要冲，射击孔密布，易守难攻。

（二）历史沿革。1989年，曾达关碉被公布为阿坝州第一批州级文物保护单位，2002年12月被四川省人民政府公布为第六批四川省文物保护单位。2013年5月被国务院核定公布为第七批全国重点文物保护单位。

（三）文物构成。曾达关碉由曾达东碉和马尔邦碉两座碉楼组成，统称曾达关碉。

（四）管理情况。曾达关碉管理机构为金川县文化体育和旅游局和马奈镇党委政府双重管理。

商周遗址

（一）基本概况。金川县商周遗址包含独松乡卡拉塘遗址、河西乡乃当村遗址、勒乌乡云盘村博尔乌寨遗址、勒乌乡营盘村营盘寨遗址、万林乡西里寨遗址、咯尔乡咯尔遗址、卡撒乡巴拉塘遗址、安宁乡末末扎村通斯坪遗址、安宁乡安宁遗址9个点。金川县独松乡卡拉塘遗址以二级台地现状古碉以西100米，南北150米。河西乡乃当村遗址，以二级台地现状，以官寨为中心，东西100米，南北500米，勒乌乡云盘村博尔乌寨遗址，以距新开沟河床200米，坡状台地现状，张宗贵家以西100米，南北150米。勒乌乡云盘村营盘寨遗址，一营盘寨四周为山的台地现状，龙明华家为中心，东西160米，南北300米。万林乡西里寨村西里寨遗址，一西里寨沟东岸一、二级台地现状，吕永华家为中心，东西500米，南北300米。咯尔乡咯尔遗址，以咯尔乡政府驻地大金川河东岸一级台地现状，以周家包包为中心，东西300米，南北150米。卡撒乡巴拉塘遗址，以乡政府驻地，二、三级台地现状，卫生院以北200米，东西350米。安宁乡末末扎村斯通坪遗址，一村小学驻地一级台地现状，邓祖发家以西100米，南北50米。安宁乡安宁遗址，以西临金川河南临碾房沟，北东靠山的台地现状，柴登义家以北150米，东西350米。

（二）历史沿革。金川县商周遗址于2004年11月30日被四川省人民政府公布为省级文物保护单位。

（三）文物构成。金川县商周遗址包含独松乡卡拉塘遗址、河西乡乃当村遗址、勒乌乡云盘村博尔乌寨遗址、勒乌乡营盘村营盘寨遗址、万林乡西里寨遗址、咯尔乡咯尔遗址、卡撒乡巴拉塘遗址、安宁乡末末扎村通斯坪遗址、安宁乡安宁遗址9个点。

（四）管理情况。金川县商周遗址管理机构为金川县文化体育和旅游局、独松乡党委政府、河西乡党委政府、勒乌镇党委政府、咯尔乡党委政府、卡撒乡党委政府、安宁镇党委政府。

御制平定金川勒铭噶喇依之碑

（一）基本概况。该碑现存于四川省阿坝藏族羌族自治州金川县安宁乡安宁村四社，位于金川河左岸，席岭与牧马山之间炭厂沟沟口。碑身底部地理坐标为东经102° 03′ 02.8″，北纬31° 17′ 11.2″，海拔2087.4米。第二次金川战役后，清王朝为了彰显皇威，于乾隆四十三年（1778年）在原小金川土司官寨旧址美诺和大金川土司官寨旧址勒乌围、噶喇依各建立史事纪念碑——“御制平定金川勒铭美诺之碑”“御制平定金川勒铭勒乌围之碑”和“御制平定金川勒铭噶喇依之碑”。三座石碑中，仅“御制平定金川勒铭噶喇依之碑”完整保存至今。

（二）历史沿革。御制平定金川勒铭噶喇依之碑碑座在1964年7月被填平，碑身外用青砖砌起改建为红军烈士墓，1992年红军烈士墓迁出，2000年“御制平定金川勒铭噶喇依之碑”初次维修，2002年被公布为四川省级文物保护单位，2004年对御碑和碑亭进行了加固维修，使其得到了妥善保护。

（三）文物构成。御制平定金川勒铭噶喇依之碑由御碑1通，另有2通清碑构成。

（四）管理情况。御制平定金川勒铭噶喇依之碑管理机构为金川县文化体育和旅游局、安宁镇党委政府管理。

绰斯甲观音庙

（一）基本概况。绰斯甲观音庙位于金川县观音桥镇观音村，地处拉勒山山腰处，地理坐标为东经101° 38′ 26.6″，北纬31° 48′ 11.1″，海拔3036米。由肯其热温布建立，距今已有1300多年的历史，现已传35代，其间经过几次维修，最近一次整修是20世纪90年代。由一佛殿和一经堂组成。佛殿大门朝向为北偏东55度，面阔5间，进深5间，长均约12.5米，共2层，总高约12米，第二层为接待室。佛殿内置有1008座在尼泊尔定做的纯金四壁观音像，面向正门摆有一镀纯金的四壁观音像，其后有镀纯金的背光，下部是镀纯金的底座，后壁摆有9尊莲花观音像，其两侧于侧壁处各摆有一尊四壁观音像，佛殿外围有一周方形转经走廊，宽3.2米，深20.7米，长22.2米，其佛殿正门两侧外壁上绘有四大天王像。讲经堂位于正殿东北方向，朝向为南，共两层，面阔5间，进深5间，长均约16米，总高约9.2米，第一层地面摆有大量的擦擦，墙上绘有护法神、无量光神、牵手观音、莲花生大师等画像，外部有一宽4米，长16米的门廊，大门左右两侧墙上绘有四大天王像。

（二）历史沿革。绰斯甲观音庙重建于1979年，1980举行的开光仪式，重建的寺院规模宏伟。2007年被四川省人民政府公布为省级文物保护单位。

（三）文物构成。绰斯甲观音庙由1个佛殿、1个讲经堂组成。

（四）管理情况。绰斯甲观音庙管理机构为金川县文化体育和旅游局、观音桥镇党委政府管理。

嘎达山悬空寺

（一）基本概况。嘎达山悬空寺位于四川省阿坝藏族羌族自治州金川县马尔邦乡独角沟村。该寺修建于东汉末年，由本教三大译师中的汉地译师勒当芒波修建，迄今已有1800年历史。该寺建在悬崖峭壁之上，寺内绘有本教壁画，被考古界称为藏东敦煌。今天在藏区也是决无仅有的。嘎达山悬空寺由修行窟、礼拜窟及礼拜建筑群等建筑构成。相传悬空寺四周有一百多个本教徒修炼的洞窟，这些洞窟和悬空寺构成了神密的本教文化，悬空古庙、古寺全都建在石菩萨周围群山中的绝壁上，海拔3200米，每当朝霞满天，或者是夕阳西下的时候，悬空古寺云雾缭绕霞光辉映，千奇秀丽，充满神秘。据有关文献记载和民间传说，这里是本教起源地。嘎达山在鼎盛时期，密林间大小寺庙林立，钟鼓声声，香火兴旺，曾建有108座寺庙，这是本教僧人坐洞闭关修行高深大法，提升法力的场所，最为难得的是这些古庙内一幅幅古壁画，历经千百年风雨，色彩艳丽，技法精湛，形象逼真，被专家称为“东部藏区的敦煌”。现仅存两窟及一礼拜用建筑群，第一窟东北角50米处为礼拜窟建筑群，第一窟北侧70米处为第二窟，分布面积约为1250平方米。悬空寺始建年代不明，相传雍忠拉顶寺第一任堪布曾在此修行。

第一窟坐西朝东，属于礼拜窟，地理坐标为东经101° 57′ 04.8″，北纬31° 14′ 28.8″，海拔3357.3米。面阔3.7米，进深2.9米，高3.2米。门宽1.15米，高1.5米。西墙有保存一根梁，剖面宽0.3米，高0.2米，梁架上壁画保存较好。建筑方法先以石筑墙，再敷泥，夹杂少量小石子，最后外敷一层细泥，刷白灰。窟顶五根椽子，其上四块木板平铺。西壁前方残存供台，石块垒砌，外敷细泥，再涂一层白灰，为供奉之用。石台残宽1.2米，残高0.45米，距墙1.2米。地面西北角有2件供插香之用的供瓶；有6座小佛，均为一种形制；另外还有擦擦、散落的壁画、莲花佛座残存部分。这些残件原来均应该置于供台之上。地面西侧有一张残存唐卡，长1.2米，宽0.1~0.38米，应为西壁上脱落。北墙壁画基本保存完整，壁画面积6.9平方米。东墙壁画面积5.44平方米。西墙底部残见白灰及红色宽栏，西壁残存唐卡痕迹。南墙无任何清晰可见的壁画，仅能在墙壁上发现零星的壁画痕迹。

礼拜用建筑群主要由19个玛尼堆以及一个佛塔构成，之外还有很多小型玛尼堆。建筑群基本以佛塔为中心，另外东北侧、北侧、西北侧、西侧玛尼堆较为集中，距离佛塔基本都为0.9米。塔基处地理坐标为东经101° 57′ 24.1″，北纬31° 14′ 21.6″，海拔3345.7米。玛尼堆一般由5~7层构成，基本呈正方形逐层收缩，底部边长0.7米，顶部边长0.45米。佛塔四缘东边有2个小型玛尼堆，西边有一个小型玛尼堆，南北各3个小型玛尼堆。佛塔由塔基、塔身和塔坪构成，塔坪部分残损相对较为严重，残高2.9米。塔基基本呈方形，边长2.5米，高0.9米；塔身仅一层，高0.8米；塔坪残高1.2米。塔身开一龛，仍有现代信众祭拜的痕迹。

第二窟坐西朝东，属于修行窟。地理坐标为东经101° 57′ 23.5″，北纬31° 11′ 23.6″，海拔3364.9米。面阔4.1米，进深3.7米，残高2.4米，墙厚0.57米。门，木框，宽1.1米，高1.75米。仍是石块垒砌，再敷泥，夹杂少量小石子，最后外敷一层细泥，刷白灰，墙中间插木柱。南墙处残存一横梁，截面宽0.1米，高0.2米。四壁主佛均见，北、西、南、东四壁壁画面积分别为4.6、7.8、7.2、6.4平方米。现除东北角及北壁右侧残外，四壁基本完整，壁画保存较好，残墙上均可见，色彩鲜艳。修行窟西缘有脱落壁画、脱落莲座、供瓶、擦擦。北缘有残损经幢。嘎达山悬空寺分布于嘎达山高半山地区，依山傍水，植被茂盛，风景优美，寺与藏族民居村落及周围的高山、石佛、原始森林、河谷共同构成的文化景观，具有极高的建筑、美术学、社会学研究价值和艺术观赏价值，是藏民族本教文化宝库中一颗璀璨夺目的明珠。

（二）历史沿革。嘎达山悬空寺修建于东汉末年，由本教三大译师中的汉地译师勒当芒波修建，迄今已有1800年历史。于2019年1月10日被省人民政府公布为省级文物保护单位。

（三）文物构成。现仅存两窟及拜佛、修行窟，第一窟东北角50米处为礼拜窟建筑群，北侧70米处为第二窟，分布面积约为1250平方米。

（四）管理情况。嘎达山悬空寺管理机构为金川县文化体育和旅游局、马奈镇党委政府管理。

金川县红军革命纪念建筑群

（一）基本概况。金川县红军革命纪念建筑群位于金川县勒乌镇龙河村老街。地理坐标为东经102° 03′ 35″ ，北纬31° 28′ 39.7″ ，海拔2188米。中国工农红军在举世闻名的长征中，四方面军和一方面军一部，于1935年至1936年，在金川的九个月时间里，建立了以绥靖为中心的大小金川地区红色革命根据地，成立了省、县、乡苏维埃政权，组建了地方武装力量，并先后发起了“绥（靖）、崇（化）、丹（巴）、猛（功）战役”和以金川为根据地旨在攻占成都的“天（全）、芦（山）、名（山）、雅（安）、邛（崃）、大（邑）战役”均给国民党反动势力以重创。红军在金川期间，迭

（遭）危难，历尽艰辛，为人民的解放事业，为实现共产主义远大理想，百折不扰，浴血奋战，紧紧依靠人民群众建树了许多可歌可泣的英雄业绩，军部参谋熊少晖等上千名指战员在金川地区献出了宝贵的生命。

1935年6月至1936年7月，红军长征途经金川，历时14个月，积极开展建党、建政、建军的工作，开辟了大小金川革命根据地。在金川老街成立了中共金川省委，恢复了西北联邦政府，建立了在中国革命史、中华苏维埃政权建设史上第一个省级少数民族自治政府——格勒得沙共和国中央革命政府，为后来的民族区域自治政策提供了宝贵的经验。组建了国际共产主义运动史上唯一的藏族人民革命先导组织格勒得沙革命党和藏族历史上第一支人民革命武装格勒得沙革命军，成立了中国回族历史上第一个人民革命政府。金川这块热土，留下了红军英雄的足迹，金川儿女用鲜血和生命谱写了一曲惊天动地的英勇战歌。徐向前、刘伯承、李先念等老一辈无产阶级革命家领导驻留金川的红军彻底粉碎了张国焘分裂党分裂红军的企图，为中国革命保留和凝聚了力量，为之后的革命奠定了坚实的基础，在中国革命史上写下了浓墨重彩的一笔。老街红军城记载了红军爬雪山过草地时创造的革命奇迹，谱写了红军不畏艰难险阻的英雄赞歌，记录了金川人民同红军风雨同舟、鱼水情深的动人篇章，传承了红军伟大的革命精神，是历史长河中永恒的丰碑。

（二）历史沿革。1989年1月29日被公布为阿坝州文物保护单位，2007年6月1日被四川省人民政府公布为省级文物保护单位。

（三）文物构成。金川红军革命纪念建筑群由红五军团指挥部旧址、红军军械修理厂旧址、红军被服厂旧址、红军炸弹炸药厂旧址、中共绥靖县委旧址、格勒得沙共和国中央革命政府旧址、红四方面军总医院旧址、西北联邦政府旧址、中共大金省委旧址、格勒得沙国家商店旧址、格勒得沙国家药店旧址、绥靖县第一区苏维埃政府旧址、绥靖回民苏维埃政府、回民独立连连部旧址。

（四）管理情况。金川红军革命纪念建筑群管理机构为金川县文化体育和旅游局和勒乌镇党委政府双重管理。

小金县

沃日土司官寨碉及经楼

（一）基本概况：沃日土司官寨位于沃日乡境内，省道S303线南侧，距县城18千米。官寨分东面的大官寨及西面的小官寨，二寨相距约1千米。地理坐标为东经102° 30′ 00.5″，北纬31° 01′ 33.3″，海拔2443.8米。始建于清代早期，占地面积109平方米，建筑面积83平方米，由碉楼及经楼等构成，“沃日”是藏语，意为“领地”，即小金川支流沃日河流域是其世居之池。乾隆年间因协助征剿金川有功受封“安抚司”，至末代土司杨春普共历23代土司。沃日土司官寨现仅存南经楼和碉，它们高耸在沃日乡集镇中心，交相辉映，成为沃日河南岸一大景观。沃日土司官寨历史悠久，建筑艺术风格独特，又处在小金红色之旅的线路途中，是“红色之旅”不可忽略的重要景点之一。南面以沃日乡政府右侧田地边为界；北面以民舍房屋为界；南北通长24米。东面以乡村公路为界，西南面以民舍房屋墙为界，均为沃日土司官寨碉及经楼的保护范围。

（二）历史沿革沃日土司官寨碉及经楼始建于清代早期，2007年6月年被公布为省级文物保护单位，2013年3月年被公布全国重点文物保护单位。

（三）文物构成。包括碉楼一座、经楼一座等。

（四）管理情况。产权为国有产权，使用单位为沃日镇人民政府，管理单位为小金县文化体育和旅游局，目前作为开放参观使用。

两河乡白果坪遗址

（一）基本概况：四川省阿坝藏族羌族自治州小金县两河乡大寨村二组，抚边河东岸二级台地上。地理坐标为东经102° 30′ 01.6″，北纬

31° 27′ 40.3″ ，海拔3094.7米。始建于新石器时代，白果坪沟从遗址中穿过。遗址南北长450米，东西宽180米，总占地面积8.1万平方米。文化层厚0.8米，距地表深4米，发现有大量陶片、红烧土、炭屑、兽骨。出土陶器有夹砂陶、泥质陶。陶色有红、褐、红褐、灰色。纹饰有戳印纹、瓦棱纹、凹弦纹、绳纹。还有磨光陶、鋬耳器。器形有敞口罐、敛口罐、圈足罐。石器多为刮削器。以遗址白果坪沟为中心，东西长200米，东至村民余学兵住房，西至村民李永刚住房；南北宽650米，南北面以现有农田覆盖边缘为界。

（二）历史沿革。始建于新石器时代，2007年6月年被公布为省级文物保护单位。

（三）文物构成。遗址1处。

（四）管理情况。产权为国有产权，使用单位为两河口镇镇人民政府，管理单位为小金县文化体育和旅游局，目前作为遗址表面村民种植农作物。

抚边乡菜园坝遗址

（一）基本概况：四川省阿坝藏族羌族自治州小金县抚边乡菜园坝村，抚边河东岸二级台地上。地理坐标为东经102° 29′ 36.3″ ，北纬31° 18′ 42.3″ ，海拔2834.5米。始建于新石器时代，占地面积52500平方米，建筑面积52500平方米，菜园坝遗址中部有菜园坝沟穿过。遗址南北长350米，东西宽150米，面积约5.25万平方米。出土陶器有夹砂陶。陶色有褐、红褐、黑色。陶器主要纹饰有凸弦纹、绳纹等。还有磨光陶。器形主要有高圈足罐、平底罐、鋬耳罐。以遗址菜园坝沟为中心，东西长250米，东至现有农田覆盖边缘，南北宽550米，南至磨子沟，西至村民付明全住房，北至李家河坝为界。

（二）历史沿革。始建于新石器时代，2007年6月年被公布为省级文物保护单位。

（三）文物构成。遗址1处。

（四）管理情况。产权为国有产权，使用单位为抚边乡人民政府，管理单位为小金县文化体育和旅游局，目前作为遗址表面村民种植农作物。

木坡招牛喇嘛寺遗址

（一）基本概况：四川省阿坝藏族羌族自治州小金县木坡乡招牛村一组，抚边河西岸一级台地村民杨德全等的承包地内。地理坐标为东经102° 27′ 02.0″，北纬31° 13′ 30.6″，海拔2650.2米。始建于汉代，占地面积4.25万平方米，建筑面积4.25万平方米，遗址南北长850米，东西宽500米，面积约4.25万平方米，文化层厚1.2米，内含大量夹砂褐陶片。以遗址内村民肖永林住房为基点，向东外延95米至木坡小学围墙处，向西外延95米，向南、北外延400米。

建设控制地带：保护范围外延60米。

（二）历史沿革。始建于汉代，2007年6月年被公布为省级文物保护单位。

（三）文物构成。遗址1处。

（四）管理情况。产权为国有产权，使用单位为木坡乡人民政府，管理单位为小金县文化体育和旅游局，目前作为遗址表面村民种植农作物。

木龙寨遗址

（一）基本概况：四川省阿坝藏族羌族自治州小金县木坡乡招牛村一组，抚边河东岸二级台地村民承包地中。地理坐标为东经102° 27′ 05.3″，北纬31° 11′ 07.9″，海拔2968.6米。始建于新石器时代，占地面积5.6万平方米，建筑面积5.6万平方米，遗址北邻牟家沟。南北长280米，东西宽200米，面积约5.6万平方米，文化层厚约1米。陶器多为夹砂陶；陶色有红褐、褐色；器形有平底罐、直口罐、敛口罐、敞口罐、圈足罐、敞口盘等。保护范围：遗址占地范围向东、南外延140米，向西、北外延100米。

建设控制地带：保护范围外延60米。

（二）历史沿革。始建于新石器时代，2007年6月年被公布为省级文物保护单位。

（三）文物构成。遗址1处。

（四）管理情况。产权为国有产权，使用单位为木坡乡人民政府，管理单位为小金县文化体育和旅游局，目前作为遗址表面村民种植农作物。

桥头村遗址

（一）基本概况：四川省阿坝藏族羌族自治州小金县八角乡桥头村一组，村民杨明全承包地内。地理坐标为东经02° 26′ 06.8″ ，北纬31° 07′ 40.6″ ，海拔2603.6米。始建于新石器时代，桥头遗址北临太阳沟。属新石器时代遗址，南北长850米，东西宽160米，面积约13.6万平方米。出土陶器有夹砂陶、泥质陶。陶色有红、褐、红褐陶。纹饰有附加堆纹、压印纹、凹弦纹等。器形有带流敞口罐、鋬耳高圈足罐、高领罐、敞口罐等。保护范围：遗址向东、南外延160米，向西、北外延40米。

建设控制地带：保护范围外延30米。

（二）历史沿革。始建于新石器时代，2007年6月年被公布为省级文物保护单位。

（三）文物构成。遗址1处。

（四）管理情况。产权为国有产权，使用单位为八角乡人民政府，管理单位为小金县文化体育和旅游局，目前作为遗址表面村民种植农作物。

结斯喇嘛寺

（一）基本概况：四川省阿坝藏族羌族自治州小金县结斯乡木洛村二

组。地理坐标为东经102° 32′ 25.7″，北纬31° 08′ 25.2″，海拔2843.1米。结斯喇嘛寺始建于清同治年间。寺庙坐北朝南，土木结构，占地面积约580平方米。寺庙为四合院布局，建筑风格为典型藏式平顶。山门面阔三间16.1米，进深6.4米，高7.4米。底层门楣上方两侧驼峰上浮雕缠枝花图案，明、次间通道两壁彩绘佛经故事壁画，在“文化大革命”期间遭到损毁。门前为9级阶梯式踏道；正殿为2层平顶建筑，顶上加汉式重檐歇山顶，作筒板瓦屋面。正殿门厅面阔3间14.2米，进深4.7米，高3.8米。正殿经堂面阔5间14.2米，进深14.6米，通高11.5米，堂内中心6柱构成方形天井，天井挑檐檩浮雕云海、凤鸟相间的图案。正殿门厅和经堂四壁皆彩绘佛经故事壁画共258平方米；左右禅房皆为2层平顶建筑，面阔均为2间10.2米，进深3.6米，高6.8米，其中右禅房2楼壁上有原佛经故事壁画17平方米，现已不存。

保护范围：占地范围向东、西外延11米，南至小学球场，北至寺院滴水。

建设控制地带：保护范围外延10米。

（二）历史沿革。始建于清代，2007年4月年被公布为省级文物保护单位。

（三）文物构成。庙宇一座。

（四）管理情况。产权为国有产权，使用单位为结斯乡人民政府，管理单位为小金县文化体育和旅游局，目前作为开放参观。

三关桥

（一）基本概况：四川省阿坝藏族羌族自治州小金县美兴镇三关桥村东20米的小金川河上。地理坐标为东经102° 21′ 19.0″，北纬31° 00′ 00.5″，海拔2475.8米。始建于1935年，占地面积86.4平方米，建筑面积86.4平方米，1935至1936年，红军长征在三关桥与国民党守军进行了激烈的交战，现南桥头堡上弹痕依稀可辨；红军在此处还嵌刻了大量标语，南岸桥头堡内现存红军石刻标语3副，内容为：一、“回番夷穷人一致起来打发财人，分发财人的粮食土地房屋，才不愁穿吃，红乙”；二、

“胡宗南邓锡侯刘文辉是卖国汉奸，是蒋介石的忠实走狗！”；三、“红军是反对帝国主义国民党的主力，要不当亡国奴只有参加红军，红乙”。该红军标语具有重要的革命史料价值。三关桥东南至西北走向，两岸有桥头堡。南岸桥头堡为重檐歇山式顶，上施小青瓦；木结构穿逗式梁架，2穿6柱；面阔3间19.5米，进深1间8.5米，高9.1米。临河正面门楣上嵌行书“鱼钥闲关”四字，中梁上墨书“中华民国十二年岁次癸亥六月黄道吉日立”题记。北岸桥头堡为片石结构，哥特式建筑，面阔3间9.7米，进深1间4.8米，通高7.5米；正面门楣上嵌草书“灵岩锁江”四字。桥身由11根铁索链构成，其中桥底铺设7根，上施木板构成桥面；余4根分布两则，作桥栏。桥长48米，宽1.95米，桥栏高1米。铁环长0.28米，直径0.26米。保护范围：桥头东、西外延12米，南岸桥头堡外延5米至马世超围墙，北岸桥头堡向后坡地外延20米，桥头向左至何家围墙，向右外延20米。

建设控制地带：保护范围外延10米。

（二）历史沿革。始建于新石器时代，2007年6月被公布为省级文物保护单位。

（三）文物构成。桥一座。

（四）管理情况。产权为国有产权，使用单位为美兴镇人民政府，管理单位为小金县文化体育和旅游局，目前作为交通桥梁。

猛固桥

（一）基本概况：四川省阿坝藏族羌族自治州小金县老营乡老营村，横跨沃日河、抚边河上。地理坐标为东经102° 24′ 24.6″，北纬31° 01′ 07.4″，海拔2312.5米。始建于1935年，占地面积160平方米，建筑面积160平方米，该桥共2座，由猛固桥和马鞍桥组成。初为木桥，1931年改建为铁索桥。两桥均有桥头堡，片石结构，哥特式建筑，现仅存墙体。猛固桥南北走向，横跨沃日河上，其北岸桥头堡门洞东、西墙壁上分别楷体竖书红军标语（1）“……不拉夫”；（2）“川……不发饷，不打仗！

红区1”。此桥桥身由11根铁链构成，桥面7根，桥栏两侧各2根。桥长25.8米，宽1.68米，桥栏高1.05米，铁环长0.26米，桥距河面8.5米。南岸桥头堡面阔6米，进深4.7米，高3.7米。门楣上嵌楷体阴刻“长平”二字，落款题记“中华民国二十年十一月建”。北岸桥头堡门楣上嵌楷体阴刻“猛固”二字。

1935~1936年红军长征途经小金时在两桥的桥头堡内书写的红军标语，具有重要的革命史料价值。

马鞍桥东西至南北走向，横跨抚边河上。西北岸桥头堡东侧墙壁上墨书红军标语，内容为：“红军是工农自己的——”。此桥桥身由8根铁链构成，底铺6根，两桥栏各1根。桥长30米，宽1.65米，桥栏高1米。桥距河面11米。两岸桥头堡相同，面阔4.50米，进深4.10米，高8米。西北岸门楣上嵌楷体阴刻“伏龙”二字，落款题记“中华民国二十年十一月吉日”。东南岸桥头堡楷体阴刻“马鞍”二字。

保护范围：桥的占地面积向南、北外延30米，向东、西外延至公路。

建设控制地带：保护范围外延10米。

（二）历史沿革。始建于1935年，2007年6月被公布为省级文物保护单位。

（三）文物构成。桥两座。

（四）管理情况。产权为国有产权，使用单位为美兴镇人民政府，管理单位为小金县文化体育和旅游局，目前作为参观。

抚边红军驻地旧址

（一）基本概况：四川省阿坝藏族羌族自治州小金县抚边乡粮台村二组。地理坐标为东经102° 28′ 36.4″，北纬31° 17′ 03.5″，海拔2841米。始建于1935年，占地面积381平方米，建筑面积381平方米，抚边红军驻地旧址由城隍庙戏台子、粮台文武庙、王公殉节碑红军石刻标语组成，都位于抚边乡粮台村二组。

城隍庙戏台子于2018年经过维修，现保存完整，戏台子中梁有“大清嘉庆五年（1800年）题记”，1935年，红军长征途经此地，在这戏台上宣传革命真理，并进行了文艺演出。

粮台文武庙多次维修，现存前殿和后殿，前殿内现陈列该村部分流散文物。保存一般，其南面墙壁上有红军标语一幅：“推翻国民党统治，红军政治部！”，标语字迹由墨汁填写。

王公殉节碑红军石刻标语红军石刻标语坐北向南，正面碑身上刻红军标语“拥护苏联的和平政策”，后面碑身楷书阴刻王公生平。

2017年11月被阿坝州人民政府公布为第二批州级文物保护单位。

抚边红军驻地旧址于2018年6月经过维修，现保存完整。该建筑能客观真实反映党的革命活动，对长征红一、红四方面军的研究有一定的史料价值。

①抚边王公殉节碑保护范围：节碑坐北向甫，以节碑主体建筑物为基点，西面以外延9米处为界，东面以外延1米至粮台村机耕道边沟为界，北面以外延2.2米处为界，南面以唐方琴住房墙体边为界。

建设控制地带：保护区外延10米。

②抚边粮台文武庙保护范围：以主体建筑为基点，西面以外延9米处为界、东面以外延1米至粮合村机耕道边沟外为界，北面以外延2.2米处为界，南面以唐方琴住房墙体边为界。

建设控制地带：保护区外延10米。

③抚边城隍庙戏台子保护范围：城隍庙坐南向北，以主体建筑为基点，西面以外延9米处为界、东面以外延9米至村民承包地为界，北面以外延1.6米至村机耕道为界，南面邻荒山。

建设控制地带：保护区外延10米。

（二）历史沿革。始建于1935年，2020年4月年被公布为省级文物保护单位。

（三）文物构成。抚边红军驻地旧址由城隍庙戏台子、粮台文武庙、王公殉节碑红军石刻标语组成。

（四）管理情况。产权为国有产权，使用单位为抚边乡人民政府，管理单位为小金县文化体育和旅游局，目前作为参观。

红一、四方面军会师中央纵队驻地旧址

（一）基本概况：四川省阿坝藏族羌族自治州小金县达维乡达维村一组。地理坐标为东经102° 38′ 16.0″ ，北纬30° 58′ 04.6″ ，海拔2781米。始建于清代，占地面积4249平方米，建筑面积3782平方米，达维红一、四方面军会师中央纵队驻地旧址始建于清末，1935年红军长征一、红四方面军在此联欢。寺庙坐北朝南，土木结构，占地面积约4249平方米。寺庙为四合院布局，其中山门建筑为汉藏结合风格，两层平顶建筑，上为歇山顶，顶上施青瓦和筒瓦。山门左右两厢房仅存墙体。院内东西两侧配殿为僧侣居住场所，西面配殿现为寺管会办公处。正殿为石木结构、悬山顶抬梁式梁架，施小青瓦，面阔五间22.4米，进深四间26.1米，通高15.4米。垂带式踏道15级，台基高2.9米。正殿东部厢房仅存墙体。主殿和山门分别经过整修和重修，保存情况较好，庭院以水泥铺地。山门左右两厢房仅存墙体。东配殿保存，西配殿已毁。寺内法器、佛像等保存较为完好，但主殿四周壁画为“文革时期”所破坏，现不存。

以围墙为基点，东、西、北面以外延9米为界，南以赵永福、赵彬住房为界。

建设控制地带：以保护区中心东、西、北面以外延9米为界，南以赵永福、赵彬住房为界。

（二）历史沿革。始建于清代，2020年4月年被公布为省级文物保护单位。

（三）文物构成。由正殿，厢房组成。

（四）管理情况。产权为国有产权，使用单位为达维镇人民政府，管理单位为小金县文化体育和旅游局，目前作为开放参观。

甘孜州

1. 文物保护单位名单

序号	名称	时代	类别	市（州）	县（市、区）	级别
1	丹巴古碉群	唐至清	古建筑	甘孜州	丹巴县	国家级
2	罕额依新石器时代文化遗址和汉代石棺葬墓群	新石器时代、汉	古遗址	甘孜州	丹巴县	国家级
3	巴底土司官寨	清	古建筑	甘孜州	丹巴县	省级
4	雍仲佐钦岭寺	清	古建筑	甘孜州	丹巴县	省级
5	曲登沙寺	明	古建筑	甘孜州	丹巴县	省级
6	墨尔多山 摩崖石刻	唐	石窟寺及石刻	甘孜州	丹巴县	省级
7	巴底土司官寨	清	古建筑	甘孜州	丹巴县	省级
8	丹巴甲居红五军团政治部遗址	1935年	近现代重要史迹及代表性建筑	甘孜州	丹巴县	省级
9	丹巴藏民独立师师部旧址	1936年	近现代重要史迹及代表性建筑	甘孜州	丹巴县	省级
10	泸定桥	1935年	近现代重要史迹及代表性建筑	甘孜州	泸定县	国家级
11	川藏公路大渡河悬索桥	1951年	近现代重要史迹及代表性建筑	甘孜州	泸定县	国家级
12	化林坪总兵府旧址	清	古建筑	甘孜州	泸定县	省级

续表

序号	名称	时代	类别	市（州）	县（市、区）	级别
13	朱德同志长征途经泸定居住旧址	1935年	近现代重要史迹及代表性建筑	甘孜州	泸定县	省级
14	岚安苏维埃政府旧址	1935年	近现代重要史迹及代表性建筑	甘孜州	泸定县	省级
15	岚安区苏维埃政府旧址十大政纲	1935年	近现代重要史迹及代表性建筑	甘孜州	泸定县	省级
16	岚安区苏维埃政府旧址红军医院	1935年	近现代重要史迹及代表性建筑	甘孜州	泸定县	省级
17	磨西天主教堂毛泽东同志住地旧址	1935年	近现代重要史迹及代表性建筑	甘孜州	泸定县	省级
18	石门坎战斗遗址	1935年	近现代重要史迹及代表性建筑	甘孜州	泸定县	省级
19	洞嘎寺	清	古建筑	甘孜州	色达县	省级
20	拉则寺	清	古建筑	甘孜州	色达县	省级
21	大则寺	清	古建筑	甘孜州	色达县	省级
22	普吾寺	清	古建筑	甘孜州	色达县	省级
23	色尔坝藏寨	清	古建筑	甘孜州	色达县	省级
24	邓登曲登佛塔	1913年	近现代重要史迹及代表性建筑	甘孜州	色达县	省级

2. 部分文保单位简介

丹巴县

丹巴古碉群

（一）基本概况。丹巴古碉群分布于甘孜藏族自治州丹巴县境内，全县现存古碉562座。古碉分布于丹巴县境内，地理坐标为东经101° 53′ 21.79″，北纬30° 52′ 54.83″，海拔1860米。是嘉绒藏族先民的建筑艺术杰作，具有悠久灿烂的历史，丹巴是中国乃至世界古碉最集中、数量最多、类型最全的地方。丹巴古碉建筑年代为三国至唐朝，形式多样，有四角、五角、八角、十三角等。古碉占地面积25~120平方米，高度10余米至60余米不等，主要建筑材料为山石、黄沾泥、木头等，古碉下宽上窄，随高度的增加而向内收合，修砌古碉由大大小小的石块组合而成，古碉墙壁厚实坚固，不少墙上砌有数百斤的大石头，且墙体平整光滑，棱角分明，如刀砍斧劈，端正笔直。古碉功能较多，是战、居两用的建筑物，一般分家碉和寨碉，并以各自的功能分为烽火碉、要隘碉、官寨碉、界碉、经堂碉、房中碉等。丹巴古碉历经战争和风雨的侵蚀，地震的考验，虽然年代久远但仍拔地擎天，巍然屹立，坚如磐石，有的弯曲如弓而自成奇观，其建筑艺术鬼斧神工，精妙绝伦。根据丹巴府发〔2008〕20号《丹巴县人民政府关于重新划定古碉群保护范围的通知》文件要求，以每座古碉为中心向四周平均辐射20米为建设控制地带区；其中十三角碉向四周辐射150米为建设控制地带区。

（二）历史沿革。丹巴古碉群于1989年被县人民政府列为县级文物保护单位；1999年被甘孜州人民政府列为州级文物保护单位；2001年开始申报世界文化遗产，2002年申报文本通过省级评审，同年被省人民政府列为省级重点文物保护单位，2006年5月丹巴古碉群已被国务院批准为第六批国家级文物保护单位，2007年被列入申报世界文化遗产名录清单。

（三）文物构成。由梭坡乡等12个乡镇562座古碉构成。

（四）管理情况。丹巴古碉群管理机构为丹巴县人民政府和丹巴县文化广播电视和旅游局。

罕额依新石器时代文化遗址和汉代石棺葬墓群

（一）基本概况。罕额依新石器时代文化遗址和汉代石棺葬墓群位于四川省甘孜藏族自治州丹巴县墨尔多山镇罕额依村。地理坐标为东经101° 56′ 37″，北纬30° 54′ 5.97″，海拔2318米。这是一个经四川省、甘孜州联合考古队于1988~1989年进行试发掘的一个处于新石器时代的古人类遗址该遗址面积达2万余平方米，文化堆积层厚达6余米，试发掘120平方米。通过对其最表文化层进行“碳14”测定，其下限历史为3500年。根据中路罕额依新石器时代古遗址和汉代石棺葬墓群保护范围规定，以萨拉科寺为中心，向四周延伸290米（84000平方米）范围为重点保护区和建设控制地带。

（二）历史沿革。罕额依新石器时代文化遗址和汉代石棺葬墓群2013年被公布为全国重点文物保护单位。

（三）文物构成。由面积约2万余平方米，厚度达8米的新石器时代文化遗址和面积达1万平方米左右，裸露在外的石棺葬墓达50余个汉代石棺葬墓群构成。

（四）管理情况。罕额依新石器时代文化遗址和汉代石棺葬墓群管理机构为丹巴县人民政府和丹巴县文化广播电视和旅游局。

巴底土司官寨

（一）基本概况。巴底土司官寨位于四川省甘孜藏族自治州丹巴县巴底镇邛山村，距县城35千米，地理坐标为东经101° 08′ 54.5″ ，北纬31° 08′ 8.3″ ，海拔2590米，始建于清康熙四十一年（1702年）。大金川巴底巴旺一带部落首领罗布木凌（亦名郎索）归诚，封授巴旺安抚使司安抚使职，从五品颁给印信一颗，号纸一张，管辖番民八百五十户。罗布木凌之次子旺杰尔驻牧巴底为土司，管辖今巴底乡全境，称其为巴底土司，始建巴底土司官寨。主体建筑高达七层，中部古碉历史上最高达十八层。经历代土司扩建，形成了集古碉、宫殿、庙宇、执事厅、起居室、院坝等为一体的官寨。巴底土司官寨占地面积2024平方米，建筑面积约3500平方米，石木结构，属藏族平顶式四合院建筑，是历代巴底土司的住所，是土司管辖政治、经济、文化的中心。其建筑风格独特，结构复杂，内部装饰华丽精美，富有民族特色。是嘉绒地区十八土司中最具代表性的建筑，具有较高的历史、文化艺术和科学价值。是我县重要景点之一。

保护范围：外墙外延2米。建控地带：保护范围向东外延50米，向南外延20米，向西外延4米，向北外延3米。

（二）历史沿革。巴底土司官寨始建于清，巴底土司官寨由于1936年发生火灾，大部分建筑被烧毁，后来恢复了一部分，文革时期该官寨被合作社作为晒场和保管室。巴底土司官寨建筑中的古碉建筑完整，其它建筑四周除北面中部未完全恢复外，墙体基本完好，部分房间完好，多数厢房在文革中被破坏，楼背年久失修已垮塌。2008年和2011年经过两次抢救性保护维修，完成建筑面积达800余平方米。

巴底土司官寨于1989年被列入县级文物保护单位，于1999年6月被列为首批州级文物保护单位，于2007年6月被列为第七批省级文物保护单位。

（三）文物构成。主体建筑高达七层，中部古碉历史上最高达十八层。经历代土司扩建，形成了集古碉、宫殿、庙宇、执事厅、起居室、院坝等为一体的官寨。

（四）管理情况。管理单位为丹巴县文化广播电视和旅游局。

雍仲佐钦岭寺

（一）基本概况。雍仲佐钦岭寺位于四川省甘孜藏族自治州东谷镇东马村内的顶果山上。地理坐标为东经100° 44′ 40.4″，北纬30° 36′ 46.9″，海拔3012米，有着丰富的自然资源。这里四面环山，古树参天，其间草坪、田园、湖泊、小溪古树应有尽有，还有植被覆盖非常好的高山牧场。这里向来都是法师们清心修炼的好地方。雍仲佐钦岭寺是党的十五届三中全会召开以后，丹巴县民族宗教政策开放以来，第一批在国家的关心和支持下重新恢复宗教活动的重点寺庙。雍仲佐钦岭寺拥有为数众多的信教群众。丹巴县是红军长征途中驻留时间最长的藏区县城之一，在该县很多地方留下了战斗的遗迹，顶果山便是其中之一。现在，顶果山上依然保留着多处碉堡、战壕，在寺庙里还收藏着许多红色文物（包括：枪械、弹药、生活用品等）。这些红色文物不定期向群众和游客展出，寺庙还专门组织和培训了人员，向当地的老人收集红军在顶果山时的故事，将这些故事整理以后制成册，由专人向参观的游客讲解。为了能够更好地发挥“爱国主义”教育基地的作用，纪念在战斗中牺牲的红军烈士，寺庙自筹资金，专门修建了纪念碑和烈士的陵墓。并且每一年还会进行英灵的超度仪式，将红军文化融入到顶果山的文化中，营造出了和谐的文化氛围。

保护范围：寺庙外墙外延5米。

建设控制地带：保护范围外延10米。

（二）历史沿革。雍仲佐钦岭寺始建于清朝。2010年11月雍忠佐钦岭寺被甘孜州人民政府公布为第四批州级文物保护单位，2012年7月被四川省人民政府公布为第八批省级文物保护单位。

（三）文物构成。土木结构寺庙一座。

（四）管理情况。使用单位为雍仲佐钦岭寺寺院管理委员会，管理单位为丹巴县民族宗教事务管理局、丹巴县文化广播电视和旅游局。

曲登沙寺

（一）基本概况。曲登沙寺位于四川省甘孜藏族自治州丹巴县东面，小金川北岸，距县城25千米的半扇门镇喇嘛寺村境内，沿小金河而上25千米处北岸一级平台上，距小丹路（省道303线）一江之隔，海拔2180米，依山而建，建筑布局坐北朝南。地理坐标为东经100° 49′ 11.64″ ，北纬31° 00′ 21.7″ 。这里地质结构稳固，阳光充足，环境优美，交通便利。

该寺坐落在墨尔多神山东面形似象鼻的石山堡上，寺庙建筑高大雄伟，有酷似布达拉宫的建筑风格和地形地貌特点。据载，六百多年前，格鲁派创始人宗喀巴大师派使者在藏区建立一百零八寺，当使者到达现半扇门地区时，一眼相中了喇嘛寺这块风水宝地，于是就在此建立了一百零八寺之一的曲登沙寺，汉语译为“宝塔寺”。据传，七世达赖的大管家是半扇门人，他从布达拉宫运回四十余驮唐卡、金佛、象牙、经书等珍贵文物，并按布达拉宫的样子把该寺扩建成现在的规模。该寺文革期间为合作社仓库晒场。曲登沙寺由明代宗喀巴大师高徒阿旺扎巴亲自主持修建，寺庙占地面积4000平方米，建筑面积3400平方米，土木结构，藏族平顶式建筑，总高三层，颂经大殿面积600平方米。该寺文革期间破坏严重，党的宗教政策恢复以来，政府拨款维修了该寺。现大殿保存完好。颂经大殿内存留有150平方米的珍贵壁画，内容为佛、菩萨、金刚护法神等，其所绘人物造像量度准确，形象生动、色彩艳丽高雅，线条丰富流畅。2004年有位日本游客见该寺壁画后为之震撼，自愿出资三千元保护该壁画，根据他的建议在壁画前一米处建一护栏杆防止游人触摸壁画。目前存留壁画保存较好。

保护范围：以寺庙外墙为基线，向东、西、南各外延1米，向北外延2米。建控地带：保护范围外延1米。

（二）历史沿革。曲登沙寺始建于明朝。2006年3月曲登沙寺被丹巴县人民政府公布为县级文物保护单位，同年10月被甘孜州人民政府公布为第二批州级文物保护单位，2012年7月被四川省人民政府公布为第八批省级文物保护单位。

（三）文物构成。土木结构寺庙一座。

（四）管理情况。使用单位为曲登沙寺寺院管理委员会，管理单位为丹巴县民族宗教事务管理局、丹巴县文化广播电视和旅游局。

墨尔多山摩崖石刻

（一）基本概况。墨尔多山摩崖石刻位于四川省甘孜藏族自治州丹巴县城东北方向墨尔多山镇境内，距县城9千米，整个墨尔多山山势呈南北走向，主峰4882米，墨尔多山是藏区著名的四大神山之一，是西藏著名学者、大翻译家卢遮那大师的主要修行地，留下了许多遗迹，其中墨尔多山摩崖石刻最具有特色。墨尔多山摩崖石刻位于墨尔多山正南半山腰，海拔3000米，地理坐标为东经101° 59′ 00″ ，北纬30° 56′ 57″ 。面积60平方米，内容为佛、度母、护法神、八宝图案、藏经文等。墨尔多山摩崖石刻历史悠久，延续时间长，数量众多，精品纷呈，内容丰富广泛，尤其是如此多的佛像、经文，图案用石刻的表现形式，形成了罕见的人文景观。堪称嘉绒地区首屈一指，独树一帜的石刻，在嘉绒地区石刻中占据着极为重要的地位，对藏族文化艺术和宗教历史的各个领域、各个门类，如“唐卡”绘画、雕塑和石刻的发展，都曾产生过重大影响。造像度量准确、技法娴熟、大气恢宏，具有较高的历史价值、艺术价值和科学研究价值。

保护范围：石刻分布范围向东外延50米，向南外延30米，向西外延5米，向北外延10米。建控地带：保护范围外延20米。

（二）历史沿革。墨尔多山摩崖石刻始建于唐，2010年11月墨尔多山摩崖石刻被甘孜州人民政府公布为第四批州级文物保护单位，2012年7月被四川省人民政府公布为第八批省级文物保护单位。

（三）文物构成。面积60平方米，内容为佛、度母、护法神、八宝图案、藏经文等时刻画面。

（四）管理情况。使用单位为墨尔多山镇人民政府。管理单位为丹巴县文化广播电视和旅游局。

丹巴甲居红五军团政治部遗址

（一）基本概况。丹巴甲居红五军团政治部遗址位于甲居镇甲居二村境内，距县城7千米。地理坐标为东经101° 52′ 33″，北纬30° 55′ 08″，海拔2129米。

1935年10月，南下红军攻占丹巴后，主力红军为实施《天（全）、芦（山）、名（山）、雅（安）、邛（崃）、大（邑）战役》计划，沿小金河东进，留下红五军团（军团长董振堂）驻防丹巴，建立丹巴革命根据地，作为南下红军的中转基地。总部又派红三十一师（师长徐深吉）驻防丹巴。红五军团驻防丹巴期间，将政治部设于此地。旧址占地面积550平方米。

保护范围：东以耳房为主向外延伸20米，北以红五军团主体向外延伸15米，南以红五军团主体向外延伸15米，西以红五军团主体向外延伸20米。建控范围：保护范围外延2米。

（二）历史沿革。2020年12月14日被四川省人民政府公布为第九批省级文物保护单位。

（三）文物构成。组合要隘碉一座。

（四）管理情况。使用单位是甲居镇人民政府。管理单位丹巴县人民政府、丹巴县文化广播电视和旅游局。

丹巴藏民独立师师部旧址

（一）基本概况。丹巴藏民独立师师部遗址位于甲居镇喀卡村境内，距县城10千米。地理坐标为东经101° 51′ 26″，北纬30° 55′ 42″，海拔2509米。

丹巴藏民独立师是红军在丹巴期间，在党的领导和红军的帮助下建立的第一支藏族红军武装。1935年11月，红军将这支武装改编为丹巴番民独立团，由马骏任团长；1935年12月底，红四方面军总部和川陕省委决定，将丹巴番民独立团扩建为丹巴藏民独立师，并派大金省委宣传部长李中权和宝兴县委书记金世柏到丹巴参加扩建工作，马骏被任命为独立师师长，李中权任政委，金世柏任副师长。为加强领导和便于工作，省委和红三十一军还抽调100余名干部、战士到独立师工作，全师有2000余人，编为三团，师部设于此地。

保护范围：以外墙为基线，东向外延伸8.5米，南向外延伸3米，西向外延伸12米，北向外延伸12米。建控范围：保护范围外延2米。

（二）历史沿革。藏民独立师师部遗址的前身丹巴藏民独立师旧址的前身是丹巴巴旺土司下属头人的官寨，旧址于2014年完成恢复重建。2006年10月被丹巴县人民政府公布为县级文物保护单位。

2020年12月14日被四川省人民政府公布为第九批省级文物保护单位。

（三）文物构成。官寨一座。

（四）管理情况。使用单位是甲居镇人民政府。管理单位丹巴县人民政府、丹巴县文化广播电视和旅游局。

泸定县

泸定桥

（一）基本概况。泸定桥甘孜藏族自治州泸定县泸桥镇成武路，地理坐标为东经101° 49′ ~102° 27′ ，北纬29° 28′ ~30° 6′ ，海拔1321米。始建于康熙四十四年（1705年），康熙四十五年（1706年）4月竣工。大体由桥身、桥台、桥亭三部分组成。共有十三根铁链，东西桥台之间净跨100米，铁索长101.67米。九根铁索作底链，余四根均分两边作扶手。东西各一座桥台，全用条石砌成，形如碉堡。西桥台建在坚硬的岩石上，高5.2米；东桥台建在乱石滩上，高14.5米（冬天临水处）。东西各一座桥亭，均为米结构建筑。建筑占地面积304平方米。

1.保护范围

重点保护区划：东至泸定桥广场西侧台阶康熙御碑东山墙，西至观音阁东围墙，南界为东西桥亭的南山墙外皮延长线，北界为东、西桥亭的北山墙外皮延长线。面积约0.22公顷。

一般保护区划：东界与重点保护区东界相同，西界至观音阁后侧山崖，南北沿桥中心线外扩55米东至成武路、开湘路东道崖，面积1.66公顷。

2.建设控制地带：东界为开湘路至甘孜巷—红军路—滨河商城—成武路（包含沿街15米范围的建筑空间），西界以海子山山麓脊线为界，北界沿桥中心线外扩170米，南界沿桥中心线外扩130米，面积6.15公顷。

（二）历史沿革。泸定桥始建于康熙四十四年（1705年），康熙四十五年（1706年）四月竣工，历代都十分重视对泸定桥的维修、管理和保护，早在雍正六年（1728年），泸定桥始设巡检。乾隆年间，泸定桥有千总一员，把总一员，兵五十名扼守，并采取三年一小修、五年一大修的办法，保持泸定桥的完美和使用，一直到今天。

1961年3月4日，国务院公布泸定桥为全国重点文物保护单位，党和政府对这一重点文物十分重视，多次拨专款进行维修保护。

1980年9月，泸定桥成立了文物专门机构——泸定桥文物管理所，负责泸定桥的日常管理和维修工作。

对泸定桥的保护、维修历年来都沿袭三年一小修（换桥板），五年一大修（卸下铁索逐环检查，发现坏环采取修复）的办法。

1999年在对泸定桥进行全面检修时，发现坐落于大渡河水冲击扇上的东桥台表面出现裂缝1~10厘米不等，桥台有向河心倾移的险情后，我局当即上报国家文物局和省、州文物主管部门。上级领导高度重视，省文物局拨款20万元组织了四川省文物考古所、铁道部科学研究所西南分院和108地质队的专家到现场踏勘，针对泸定桥的险情很快拿出了桥台质量地质声学法检测报告和三套加固维修方案。州、县分别成立了泸定桥抢修加固领导小组和泸定桥抢修指挥部下设办公室。2001年国家文物局同意采用第一套方案，并拨款100万元对泸定桥东、西桥台实施抢修加固。整个工程历时一年半，于2002年4月28日全面完工。泸定桥经历了建桥300年以来最大规模的加固维修，在这次维修过程中，共完成了：1. 东桥台68个孔旋喷注浆；2. 东西桥台落井改建和加固；3. 对十三根铁链进行逐环检测、修复；4. 新增加了九根钢缆绳；5. 增加了地龙桩；6. 更换了东西桥亭的枕木和地枕板；7. 更换了桥面板、走道板；8. 对东西桥亭及四个厢房进行了维修；屋顶采取防火矿棉板，地面为青石板铺设，四周板壁、门、窗进行了以旧补旧的维修，对整个东西桥亭进行了油漆刷新和彩绘。

2005年5月，泸定桥时逢三年一小修，更换了东西桥亭的枕木和桥面板；对九根钢缆绳进行了调试；油漆彩绘了东西桥头；西桥头地面恢复为原茶马古道的石板路面，东桥头地面采用青砖铺设。

2007年11月10日至2007年12月30日对泸定桥进行了维修，主要施工内容包括：十三根铁链逐环检修、保养；九根钢缆绳的检测、保养；东西落井地龙桩、卧龙桩的检测、保养；桥面板拆除及更换。

2011年5月12对泸定桥进行了一个全方面的大修，大修包括：更换连檐、博风板及山花板，木屋架加固，修复及更换脊饰、木檩、木柱、莲花柱、撑弓、木梁，拆除原装饰吊顶楼板，修复及更换木墙、立枋、木门、木窗，修补其他小木构件，进行了白蚁防治。对东西桥亭全面刷漆、做旧。东西御碑：拆除原有600mm×600mm的现代地砖，取出回填土地，露出连磉石，铲除存留墙体内外旧抹灰层，镶补御碑墙体，进行自然风干。更换糟朽椽望及连檐，按原样重新宜瓦，恢复素筒瓦屋顶，修复各脊和脊饰，配齐勾头和滴水，依原样补配缺失损毁构件东西御碑。桥本体：拆除原有桥面木板，拆下铁索、承重钢丝绳，所有铁索、夹具等构件，进行了全面检修、维护或更换。承重钢丝绳进行全面的清洗、检查，桥面板全面更换，进行拉槽、防腐处理。

2019年5月，四川省文物局组织专家对泸定桥保护维修项目进行评审并一致通过，于2019年10月26日至2020年1月22日对泸定桥进行维修。

（三）文物构成。包括泸定桥本体、东西桥亭、观音阁。

（四）管理情况。泸定桥产权为泸定县文物考古研究研究所（红军飞夺泸定桥纪念馆），使用单位为泸定县文物考古研究研究所（红军飞夺泸定桥纪念馆），管理单位为泸定县文物考古研究研究所（红军飞夺泸定桥纪念馆），目前作为旅游景点及党史教育场所使用。

川藏公路大渡河悬索桥

（一）基本概况。川藏公路大渡河悬索桥位于甘孜藏族自治州泸定县泸桥镇新桥村，地理坐标为东经102° 13′ 43.2″ ，北纬29° 55′ 17.9″ ，海拔1315.7米。该桥始建于1950年11月。当时为了彻底解放西藏、巩固西南边防的任务，中国人民解放军第十八军在西南局刘伯承、邓小平、贺龙等领导“一面进军，一面建设”的号召下，在修筑川藏公路的同时，由西南交通部负责修建了川藏公路泸定大渡河上的第一座钢索悬桥，1951年5月底胜利完成了建桥任务。东桥亭位于泸桥镇新桥村，西桥头位于泸桥镇河西街。东西桥头塔高分别为16米，孔径132米，桥面4.5米，由27根直径约3

厘米的钢绳分布于左右两侧，中间分别由45根同样大小的钢缆吊杆将桥身悬吊在大渡河上，桥身由无数钢架铆焊而成，钢架之上铺有断面约0.5米间方枕木，上铺“人”字形拼木，允许载重量15吨，是泸定大渡河上第一架可以通汽车的桥梁。东西桥头分别建有坚固的岗亭，朱德总司令亲笔为该桥题写桥联“万里长征犹忆泸关险，三军远戍严防帝国侵”（位于东桥塔上）。刘伯承元帅为该桥题写了桥名“大渡河桥”（在东、西桥塔）。廖志高同志为该桥题写了桥联“河水南流任澎湃波涛难阻当年红军奋勇前进创造光辉记录完成长征奠下了胜利基础；旌旗西指看神勇大军全扫康藏残敌努力建设力求民族幸福实现团结组织友爱家庭”（位于桥西塔上）。由三位老一辈革命家题写的桥名、桥联，极其珍贵。西桥头正对面山崖上竖有三道屏墙（索井岩壁上竖有三道屏墙），左为中国人民解放军第十八军军长张国华，政委谭冠三撰写的碑文，中间书有毛泽东同志七律《长征》诗手迹，右为建桥工程说明。

1.保护范围：

东至：以大渡河东桥头为基点向外延伸40米。

西至：以大渡河西桥亭为基点向外延伸2.3米。

南至：以桥身外缘为基点外扩8.6米至大渡河宾馆餐厅北外墙。

北至：以桥身外缘为基点外扩8.2米至大渡河宾馆住宿部南外墙。

2.建设控制地带：

东至：保护范围东缘向外延伸5米；

南至：保护范围南缘向外延伸5米；

西至：保护范围西缘向外延伸5米；

北至：保护范围北缘向外延伸5米。

（二）历史沿革。川藏公路大渡河悬索桥始建于始建于1950年11月，1951年5月底胜利完成建桥任务。1999年被州人民政府公布为全州首批文物保护单位。2007年7月1日被四川省人民政府第七批省级文物保护单位。2019年10月被国务院公布为第八批全国重点文物保护单位。

（三）文物构成。包括川藏公路大渡河悬索桥本体、西桥头三处屏墙、东桥头两处桥亭等。

（四）管理情况。川藏公路大渡河悬索桥产权为甘孜州公路局，使用单位为甘孜州公路局，管理单位为甘孜州公路局，目前无人使用。

化林坪总兵府旧址

（一）基本概况。化林坪总兵府位于四川省甘孜藏族自治州泸定县兴隆镇化林坪村东南部200米处，地理坐标为东经102° 17′ 49.9″，北纬29° 43′ 38.4″，海拔2132米。始建于道光十二年（1832年），整个建筑占地约为750平方米，为传统的四合院式木质结构民居，榫卯紧凑，结构稳定，为传统硬山式屋顶，屋檐下吊瓜保存完好，吊瓜、窗花以及门楣装饰物雕刻精美。康熙四十三年（1704年）将化林坪改营为协，山西人杜汝崐任化林协副将，辖中军守备一营，驻军化林坪。分辖把总三员，驻防泸定桥、打箭炉、泥头三处，川西边陲夷汉士兵皆受副将统辖。该址便为杜汝崐任化林副将时的府邸，杜汝崐于康熙二十年（1681年）任职，在职十二年，对化林农垦、工商、建设市镇、城市祠观各务、颇为人所称道，功勋卓越，深受当地百姓拥戴。此类建筑在川西地区已比较少见，具有一定的代表性，有保存和研究的价值。

1.保护范围：

东至旧址东山墙外皮；

南至旧址南山墙外皮；

西至旧址西山墙外皮；

北至旧址北山墙外皮，建筑面积750平方米；

2.建设控制地带：

东界为东山墙外皮外延2米；

西界为西山墙外皮外延1米至陈银贵路基处；

南界为南山墙外皮外延0.5米；

北界为北山墙外皮外延12米至李元兵家房基处。

（二）历史沿革。化林坪总兵府旧址始建于道光十二年（1832年），2010年该旧址被甘孜州人民政府公布为第四批州级文物保护单位，2019年被公布四川省第九批省级文物保护单位。

（三）文物构成。化林坪总兵府旧址整体。

（四）管理情况。化林坪总兵府旧址产权为私人所有，使用人为马安有，目前无人使用。

朱德同志长征途经泸定居住地旧址

（一）基本概况。朱德同志长征途经泸定居住地旧址位于甘孜藏族自治州泸定县泸桥镇建设村，地理坐标为东经102° 14′ 02.6″，北纬29° 54′ 59.7″，海拔1332.1米。该建筑建于民国初年，为单檐悬山顶穿斗木结构，一楼一底，左前方接一吊角耍楼，正房前有26级石砌阶梯，房基高3.6米，建筑面积63.7平方米，占地面积147.5平方米，屋内还有红军标语13幅。

1.保护范围：

向东南外延至外墙，以吊脚楼外墙向西外延4米，向北外延1.8米。

2.建设控制地带：保护范围外延5米。

（二）历史沿革。朱德同志长征途经泸定居住地旧址始建于民国初年，原为建设村堡子李志勋的住宅，土改后交政府管理，1980年9月成立泸定桥文管所后交文管所管理，2004年设立文物局保护管理。

1995年由州文化局拨专款3万元对整个建筑进行了全面维修。

2005年5月自筹资金27000元对整个建筑进行了全面加固维修，并做了简单的陈列布展，很好地保持了建筑的原始风貌。

2013年四川省拨付“4.20”省级文物保护应急资金，共计40万元，进行全面抢险修缮。

1999年6月，被甘孜州人民政府核定公布为州级文物保护单位。2007年5月被四川省人民政府核定公布为省级文物保护单位。

（三）文物构成。朱德同志长征途经泸定居住地旧址本体。

（四）管理情况。朱德同志长征途经泸定居住地旧址产权为泸定县文物考古研究所（红军飞夺泸定桥纪念馆），使用单位为泸定县文物考古研究所（红军飞夺泸定桥纪念馆），管理单位为泸定县文物考古研究所（红军飞夺泸定桥纪念馆），目前无人使用。

岚安苏维埃政府旧址

（一）基本概况。岚安区苏维埃政府旧址位于泸定县岚安乡脚乌村西200米，地理坐标为东经102° 13′ 50.4″，北纬30° 01′ 30.0″，海拔2216.9米。建筑坐北向南，占地面积717平方米，三合院建筑。正房面阔三间9.3米，进深3米，通高6.6米，悬山顶，穿斗式梁架。左右厢房各面阔三间10米，进深五间5米。1935年红军长征途中到达此地，建立了岚安区苏维埃政府。

1.保护范围：以旧址外墙向东、西、南各外延2米，向北外延至旧址外墙。

2.建设控制地带：保护范围外延5米。

（二）历史沿革。1935年红军长征途中到达此地，建立了岚安苏维埃政府。2003年泸定县文物局自筹资金1万2千元对岚安区苏维埃政府旧址的多个建筑进行了局部加固维修，并很好的保持了建筑的原始风貌。2010年对旧址进行了加固抢修。受4.20庐山大地震的影响，岚安苏维埃政府旧址整体倾斜，内墙局部出现裂缝，部分柱子、檩子断裂，瓦屋面受损严重。红军十大政纲墙体倾斜，出现裂缝。受损面积：390平方米。于2014年由深圳慈善总工会援建200万元对岚安区苏维埃政府旧址（包含红军医院、十大政纲）进行了加固维修。1999年6月，岚安区苏维埃政府被甘孜州人民政府核定公布为州级文物保护单位。2012年7月，被四川省人民政府核定公布为第八批省级文物保护单位。

（三）文物构成。岚安苏维埃政府旧址本体。

（四）管理情况。岚安苏维埃政府旧址产权为私人所有，使用人为周玉珍、管理单位为岚安乡人民政府，目前作为居住场所使用。

岚安区苏维埃政府旧址十大政纲

（一）基本概况。岚安区苏维埃政府旧址十大政纲位于甘孜藏族自治州泸定县岚安乡昂州村东南面，地理坐标为东经102° 13′ 12.5″，北纬30° 01′ 56.8″，海拔2278.3米。1935年红四方面军长征经过岚安时，建立了岚安区苏维埃政府，红军干部朱明带领遗址宣传队到昂州、昂乌、脚乌等地宣传。十大政纲书写在昂州村的土墙上，坐北向南，长4.5米，高约3米。

1.保护范围：

以外墙为基线向东外延1米；

向南外延至肖福刚民房；

向西外延1.5米；

向北外延2米。

2.建设控制地带：保护范围外延5米。

（二）历史沿革。1935年红四方面军长征经过岚安时，建立了岚安区苏维埃政府，红军干部朱明带领遗址宣传队到昂州、昂乌、脚乌等地宣传。十大政纲书写在昂州村的土墙上。自1999年岚安区苏维埃政府旧址十大政纲被甘孜州人民政府核定公布为州级文物保护单位后，当地政府及文物主管部门高度重视，同年投入资金3000元在原有的基础上对十大政纲标语进行了保护性修缮，2003年文物局又自筹资金12000元对岚安区苏维埃政府旧址的多个建筑进行了全面加固维修，并很好地保持了建筑的原始风貌。2010年12月县人民政府拨专款450000元对岚安区苏维埃政府旧址进行全面的保护性维修。在“4.20”地震后经过不断争取，于2014年由深圳慈善总工会援建200万元对岚安区苏维埃政府旧址（包含红军医院、十大政纲）进行了加固维修。

（三）文物构成。岚安区苏维埃政府旧址十大政纲本体。

（四）管理情况。岚安区苏维埃政府旧址十大政纲产权为岚安乡人民政府，使用单位为岚安乡人民政府，管理单位为岚安乡人民政府，目前无人使用。

岚安区苏维埃政府旧址红军医院

（一）基本概况。岚安区苏维埃政府旧址红军医院位于甘孜藏族自治州泸定县岚安乡脚乌村，南100米处，地理坐标为东经102° 13′ 49.5″，北纬30° 01′ 32.2″，海拔2218.9米。该医院为红军三十二军的医院，建筑占地面积为200平方米，坐南朝北，木泥石结构，榫卯稳定，吊瓜完好，共二层。现已荒废，无人使用，院内长有苹果树，四周种有玉米等农作物。

1.保护范围：旧址外墙外延2米。

2.建设控制地带：保护范围外延5米。

（二）历史沿革。1935年红四方面军长征经过岚安时，建立了岚安区苏维埃政府，自1999年岚安区苏维埃政府旧址红军医院被甘孜州人民政府核定公布为州级文物保护单位后，当地政府及文物主管部门高度重视，2003年文物局自筹资金12000元对岚安区苏维埃政府旧址的多个建筑进行了全面加固维修，并很好地保持了建筑的原始风貌。在“4.20”地震后经过不断争取，于2014年由深圳慈善总工会援建200万元对岚安区苏维埃政府旧址（包含红军医院、十大政纲）进行了加固维修。1999年6月，岚安区苏维埃政府红军医院被甘孜州人民政府核定公布为州级文物保护单位。2012年7月，被四川省人民政府核定公布为第八批省级文物保护单位。

（三）文物构成。岚安区苏维埃政府旧址红军医院本体。

（四）管理情况。岚安区苏维埃政府旧址红军医院产权为私人所有，使用人为高国安，管理单位为岚安乡人民政府，目前无人使用。

磨西天主教堂毛泽东同志住地旧址

（一）基本概况。磨西天主教堂毛泽东同志住地旧址位于甘孜州泸定县磨西镇杉树二组，地理坐标为东经102° 12′ 58.07″，北纬29° 64′ 22.70″，海拔1580米。年代为1935年，占地面积1300平方米。教堂钟楼、经堂占地建筑面积293.9平方米；神甫房（毛主席住地旧址）建筑面积395.2平方米；修士用房建筑面积559平方米。经堂、钟楼建筑风格为典型欧洲教堂式，神甫房为欧式网络结合川西民居建筑风格的中西结合的砖木结构。

1935年5月28日红军先遣部队和中央红军先后抵达磨西镇，前后历时七天七夜，1935年5月29日连续行军三天的毛泽东同志同红一方面军和中央军委纵队抵达磨西镇，夜宿位于磨西镇的天主教堂神甫楼，晚10点左右，毛泽东同志召集朱德、周恩来、王稼祥、张闻天、秦邦宪、陈云、邓小平等同志在神甫楼召开会议并决定：红军夺取泸定桥成功后，继续一路北上，并安排陈云同志出川，去往上海恢复被敌人破坏的党组织，再去苏联向共产国际汇报中国革命情况。

其欧式结合当地民居的建筑风格典型，建筑结构、建筑装饰有很高的艺术价值。该建筑不同于一般的寺院建筑，它是19世纪末至20世纪初西方资本主义国家对中国进行思想渗透的有力见证物，也为磨西天主教堂增添了厚重的政治历史背景，因此具有历史纪念意义，同时也具有较高的历史价值和建筑艺术价值。

保护范围：毛泽东同志住地旧址外延10米。

建设控制地带：保护范围向东外延30米，向南外延20米，向西外延10米，向北外延50米。

（二）历史沿革。磨西天主教堂毛泽东同志住地旧址始建于1918年，1988年1月，成立了“泸定县天主教爱国会”，由政府拨款修复磨西天主教堂和神甫楼（毛主席住地旧址），多年以来景区也一直对该建筑开展定期维修维护，1999年6月，磨西天主教堂毛泽东同志住地旧址被甘孜州人民政府核定公布为州级重点文物保护单位，2004年10月，磨西天主教堂毛泽东同志住地旧址被核定为省级文物保护单位。

（三）文物构成。磨西天主教堂毛泽东同志住地旧址以建筑作为省级文物加以保护，场所内无认证可移动文物。

（四）管理情况。2005年3月，因景区管理体制改革需要，磨西天主教堂划归景区管理局管理，成立了甘孜州海螺沟景区天主教爱国会，目前由景区管理局机关事务科负责管理。

石门坎战斗遗址

（一）基本概况。位于泸定县德威镇长沙坝村，地理坐标为东经102° 12′ 13.57″，北纬29° 43′ 49.27″，海拔1440米，占地面积120平方米。1935年5月中央红军在石棉安顺场强渡大渡河后，兵分两路夹河而上夺取泸定桥，右路军先头部队为红一师二团。5月29日，在团长龙振文、政委邓华率领下右路军分两路向石门坎守敌吴岗陵营发动猛攻，同时在大渡河对岸的红军也用强大火力支援。这一仗，红军大获全胜，敌在大渡河右岸之防守被全部摧毁，使敌泸定桥守桥敌军孤悬于泸定，有力地支援了左岸红军夺取泸定桥。

1.保护范围：遗址本体为保护范围，占地面积120平方米。

2.建设控制地带：遗址南北外延伸5米。

（二）历史沿革。1935年5月29日，在团长龙振文、政委邓华率领下右路军分两路向石门坎守敌吴岗陵营发动猛攻，同时在大渡河对岸的红军也用强大火力支援。敌在大渡河右岸之防守被全部摧毁，使敌泸定桥守桥敌军孤悬于泸定，有力地支援了左岸红军夺取泸定桥。2020年12月14日被四川省人民政府公布为第九批省级文物保护单位。

（三）文物构成。石门坎战斗遗址本体。

（四）管理情况。石门坎战斗遗址产权为德威镇人民政府，使用单位为德威镇人民政府，管理单位为德威镇人民政府，目前无人使用。

色达县

拉则寺

（一）基本概况。拉则寺位于色达县甲学镇二加其村，海拔3893.2米，距县城108千米。寺庙占地面积：446.98亩，建筑面积：44832.91平方米，现有公共建筑22处，僧房309处，现有僧尼177人，寺内常驻居士208人。

（二）历史沿革。拉则寺始建于1668年，1982年12月8日经州人民政府批准开放，于2019年时被公布为四川省重点文物保护单位。

（三）文物构成。包括袈裟、法碗、钹等。

（四）管理情况。拉则寺管理机构为拉则寺管理委员会，于2012年正式成立，负责拉则寺依法规范管理相关工作。

大则寺

（一）基本概况。大则寺位于甘孜市（州）色达县（市、区）大则乡厚门村（详细地址），海拔3888米。1693年创立，占地面积191847平方米，建筑面积建筑共计7822平方米，由经堂、大殿、佛堂、闭关房、佛塔、转经房等构成。保护范围：北至大则寺金刚萨埵大殿，西至大则寺闭关房处、南至大则寺居士经堂。建设控制地带：北至大则寺金刚萨埵大殿与乡卫生院地界连接处，西至大则寺山顶煨桑台处、南至大则寺居士经堂与厚门村连接处、东至大则寺佛塔与学校地界连接处。

（二）历史沿革。1693年始建于大则，2012年重修大殿，2012扩建等，2011年被公布为省级文物保护单位。

（三）文物构成。包括唐卡、法器、僧房等。

（四）管理情况。大则寺产权为大则寺民管会，使用单位为大则寺民管会，管理单位为大则寺管所。

普吾寺

（一）基本概况。普吾寺位于甘孜州色达县泥朵镇普约村，地理坐标为东经99° 43′ ，北纬32° 38′ ，海拔4200米。1870年创立，占地面积179555.78平方米，建筑面积31709.61平方米，由大经堂、小经堂、文殊殿等构成。学经点向东外延5米、大殿东面向东外延6米，居住点向西外延3米、学经点西面墙向西外延5米，居住点南面墙向南外延3米、学经点南面墙向南外延10米，学经点北面墙向北外延伸5米。

（二）历史沿革。阿吾喇嘛30岁时曾经去竹青寺朝谒华智，华智对他未来住修的托岗圣地做了明确的授记："暇满珍宝三门安闲处，自乡翁布荣洞久住妙，二利圆满祥兆妙显现……"。8年之后，他找到了授记中的山洞，从此长期穴居，精进修行。利他因缘成熟后，阿吾喇嘛开始在这里讲经传法。从多康各地前来朝谒求法的人络绎不绝，托岗也成为著名的大圆满修行圣地。阿吾喇嘛60岁时，依照成就者第二世东卡活佛的授记，在离托岗神山4千米的吉祥处修建了普吾寺。"普吾"藏文的意思是山洞，道出了寺院与托岗圣地的渊源。此后，他每年往返于寺院和山洞之间讲经说法。为了规范僧众的学修和老百姓的日常行为，他制订出了在多康地区影响深远的《阿吾喇嘛黄皮法书》。阿吾喇嘛一生接引了无数的弟子趋入成熟解脱之道，为近代宁玛派的讲修作出了卓越的贡献。

第二世阿吾喇嘛·嘎玛丹真也长期住在托岗山洞闭关苦修，最终证得了虹光身的成就。在嘎玛丹真的护持下，普吾寺的弘法事业非常兴盛。他秉持严守戒律、注重实修的宗风，培育出了不少智悲具足的僧才，很多弟子获得了成就。甘孜州解放后，普吾寺经历了"文化大革命"的浩劫，寺院的三宝所依几乎全毁。1980年落实共产党的宗教政策，喇嘛嗡波西绕喔通过募化在原址修建了一座100平米的小经堂，还打造了一座灵塔，用以供奉第二世阿吾喇嘛的金刚不坏心。

第三世阿吾喇嘛·丹真达吉曾先后依止洛比、秋恰智者、门色智者等大成就者学法，彻证大圆满自然智慧。从1992年开始，丹真达吉经过三年的艰苦努力，修建了普吾寺大经堂。其后10年间，丹真达吉历尽艰辛，陆续修建了：金刚萨埵经堂、文殊菩萨经堂、度母经堂、佛学院、转经廊以及54米高的长寿大白塔，弘法利生的事业也日渐广大。同时，丹真达吉严格督促僧众学修，使普吾寺高迈的道风远近闻名，普吾寺也因此成为多康地区著名的宁玛派道场。于2007年时被公布为四川省第一批历史革命文物保护单位。

（三）文物构成。小经堂、文殊殿、金刚萨埵殿等。

（四）管理情况。寺庙文物保护处悬挂宣传横幅，向僧尼及信教群众发放有关文物保护资料进行广泛宣传，提高广大僧尼及信教群众文物保护意识。

邓登曲登佛塔

（一）基本概况。邓登曲登又名胜利宝塔、降魔宝塔、光照宝塔。佛塔位于甘孜州色达县色柯镇约若二村，地理坐标为东经100° 21′ 0.47″ ，北纬32° 15′ 40.16″ ，海拔3847米。

邓登曲登佛塔始建于1910年，由竹庆寺一代高僧牛麦·赤勒俄热，为镇妖驱魔、消灾解难、普度众生太平兴旺之预言主持修建。佛塔为石木结构，建成后的塔基包括外围经房100米，高52米，共9层，佛塔地基加持、度量标准、装藏物品等诸事就绪，以色达地区信众一同供养，南十三寺近万数僧，一同共修，三年之内，1913年11月14日圆满竣工，为当时多康地区最高的佛塔。

（二）历史沿革。建塔40余年后，遇文革收到严重破坏。1980年，政策改善，色达县政协中宗教和民主人士的带领下，重建成如今此佛塔，此后开始每年举行众僧开光加持仪式。2007年《四川省人民政府关于公布第七批省级文物保护单位的通知》川府函【2007】114号通知中被公布为省级文物保护单位，文物遗址年代判定为1913年。

（三）文物构成。包括佛塔本身和佛塔中供养的诸佛像。佛塔总共有十四个佛殿，分别为上下两层。第一层狮子座四方分别有十一个佛殿，瓶门三方分别有三个佛殿。第一层狮子座东方中间佛殿里供奉现见解脱释迦牟尼佛像，右边佛殿里供奉金刚普尔瓦，左边佛殿里供奉二十一度母。狮子座南方中间佛殿里的大菩提佛像与拉萨大昭寺释迦牟尼佛大小相等，右边佛殿里供奉怙主大黑天护法，左边佛殿里供奉时轮金刚菩萨。狮子座西方中间佛殿里供奉莲花生大师和扁知师弟像，右边佛殿里供奉药师佛和五佛（大日如来，不动如来，宝生如来，无量光如来，不空成就如来），左边佛殿里供奉愤怒马头金刚菩萨。狮子座北方中间佛殿里供奉本尊金刚橛及十二个从尊，左边佛殿里供奉莲花生大师八号和狮面空行母；第二层楼瓶门东方佛殿里供奉师君三尊和《大藏经》，瓶门南方佛殿里供奉千手观音，瓶门西方佛殿里供奉顿觉大师像。

（四）管理情况。邓登曲登佛塔为色达县目前唯一一座由省政府批准开放的宗教活动点。邓登佛塔作为一个独立的宗教活动场所，由色达县佛教协会直接管理，佛塔属地色柯镇党委、政府负主要管理责任。佛塔民管会主任为他洛活佛（曾任色达县副县长、政协副主席），副主任巴登（约若寺僧人）和秋冬（打龙寺僧人）做日常看管工作。

雅安市

1. 文物保护单位名单

序号	名称	时代	类别	市（州）	县（市、区）	级别
1	红军强渡大渡河遗址	1935年	古遗址	雅安市	石棉县	国家级
2	石棉茶马古道	清	古遗址	雅安市	石棉县	省级
3	抗战乐西公路大渡河悬索桥	1941年	近现代重要史迹及代表性建筑	雅安市	石棉县	省级
4	九襄石牌坊	清	古建筑	雅安市	汉源县	国家级
5	寨子园冶铜遗址	汉	古遗址	雅安市	汉源县	省级
6	汉源茶马古道	汉至清	古遗址	雅安市	汉源县	省级
7	清溪文庙	清	古建筑	雅安市	汉源县	省级

2. 部分文保单位简介

石棉县

红军强渡大渡河遗址

（一）基本概况。红军强渡大渡河遗址位于雅安市石棉县四川省雅安市石棉县安顺场镇安顺村一、二、三、四组，在大渡河与松林河交汇的冲积台地上，地理坐标为东经102° 16′ 56.1″，北纬29° 16′ 39.1″，海拔897.7米。年代为1935年，占地面积306000平方米，建筑面积50.35平方米，由指挥楼、纪念碑、红军渡、红军强渡大渡河纪念馆等构成，红军强渡大渡河遗址东西长600米、南北宽510米。为红军二万五千里长征强渡大渡河战役发生地，强渡大渡河战役是红军长征中一次具有重大战略意义的行动，它打破了蒋介石妄图让红军“变成石达开第二”的梦想，开拓了红一、四方面军会师和红军北上的道路。该遗址对了解和研究红军长征历史具有重要意义。保护范围：北至泸石公路，南至安顺场老街，西至松林河，东至迫击炮阵地。建设控制地带：向南北外延50米，向西外延200米。

（二）历史沿革。1996年被国家教委、文化部、国家文物局、共青团中央、解放军总政治部联合命名为“全国百个中小学爱国主义教育基地”之一，2001年被中宣部命名为“全国爱国主义教育示范基地”。2006年被国务院公布为全国重点文物保护单位。

（三）文物构成。由红军指挥楼、红军强渡大渡河纪念馆、桃子湾渡口、红军纪念碑、红军渡等文物构成。

（四）管理情况。遗址产权隶属于石棉县文化体育和旅游局，使用单位和管理单位为中国工农红军强渡大渡河纪念馆。现遗址为国家4A级旅游景区“安顺场景区”重要参观点。

石棉茶马古道

基本概况。石棉茶马古道位于雅安市石棉县蟹螺藏族乡江坝村五组和猛种村一、二组，地理坐标为东经102° 10′ 2.5″ ，北纬29° 13′ 56.2″ ，海拔1822.1米。年代为清代，占地面积21000平方米，建筑面积16000平方米，由蟹螺堡子、木耳堡子、猛种堡子构成，是藏、川、滇三地原始居民进行沟通往来的重要通道、商贸之路，经济命脉。它是一条文化传播交流之路，同时也输出了和睦相处的愿望。古道见证了汉族与西南少数民族融合的历史过程。2012年7月被省政府公布为第八批省级文物保护单位。现保存完好。

蟹螺堡子保护范围：北起通组公路，南至“环山鸡节”祭祀地；东起江坝沟，西至跑马场的范围内。

建设控制地带：在重点保护范围外，东、南、西、北方向再延长50米为界。

木耳堡子保护范围：北起经堂，南至耕地，西起村口大核桃树，东至耕地的范围内。

建设控制地带：在重点保护范围外，再向东、南、西、北面再延长50米为界。

汉源县

九襄石牌坊

（一）基本概况。九襄石牌坊位于雅安市汉源县九襄镇民主村村委会西南1千米，地理坐标为东经102° 37′ 18.1″ ，北纬29° 28′ 28.2″ ，海拔1007.2米。九襄石牌坊建于清道光二十九年（1894米），坐北朝南，红砂石构成，建筑面积东西宽5米，南北长9米，约45平方米，系汉源县“恩贡”黄体诚请旨旌表其母、嫂之节孝而建。建筑式样为清代流行的四柱三间七楼、通高11.7米，宽6.9米，多脊出檐；结构为横向三段与垂直三段式。石牌坊整体造型由坊顶、坊身、坊座三大部，四层四檐，南北两大面，东西八个面组成。坊座位八座跨兽人物抱鼓；坊身为抱鼓夹抱着两对永定梅花柱所支撑并将牌坊分隔为中门和东西两侧门；坊顶为原殿式，逐层内缩聚合为一宝塔。石牌坊雕饰：有阴刻端楷楹联4付、匾额10道、节孝铭文碑2通；浮雕169幅，圆雕13座；角隅补白传统装饰纹样40余种；人物571个。对于研究古代牌坊文化，石雕技艺有重要意义。保护范围：牌坊四周外延25米。建设控制地带：保护范围外延25米。

（二）历史沿革。2005年进行了第一期维护，改路减少车辆对石牌坊的震动危害。2006年4月汉源县文体局、九襄镇人民政府共同对九襄石牌坊进行了二期维护，周围已修起了59米长的方钢防护栏，影响石牌坊的房屋和围墙已全部拆除，铺在石牌坊内的混凝土路面已基本铲除，九襄石牌坊内茶马古道石板路面原样再次重新展现在世人面前。九襄石牌坊于2002年时被公布为四川省第六批省级文物保护单位，2013年被国务院列为第七批全国重点文物保护单位。

（三）文物构成。包括坊顶、坊身、坊座三大部，坊座为八座跨兽人物抱鼓；坊身为抱鼓夹抱着两对永定梅花柱所支撑并将牌坊分隔为中门和东西两侧门；坊顶为原殿式，逐层内缩聚合为一宝塔。

（四）管理情况。九襄石牌坊管理机构为九襄镇人民政府。

寨子园冶铜遗址

（一）基本概况。寨子园冶铜遗址位于雅安市汉源县九襄镇新中村村委会西北180米，地理坐标为东经102° 36′ 17.8″ ，北纬29° 30′ 33.7″ 。寨子园冶铜遗址为汉代遗址，南北长90米，东西宽70米，占地面积约6300米。第一层为耕土层，厚0.9米，第二层为文化层，厚2.6~3米，多种器形陶器残片大量暴露出来。第三层1.1~1.5米有大量铜渣和灰烬露出，以下为余坡地。据查，此处曾采集过粗布纹瓦、铜渣、云纹瓦当、陶釜口沿、素面陶钵、绳纹瓦筒、陶罐口沿、陶钵底沿、格纹面砖、猪下颚骨、梯形几何花纹砖标本。保护范围：以寨子园浸水塘为中心外延50米；建设控制地带：保护范围外延50米。

（二）历史沿革。寨子园冶铜遗址于2007年时被公布为四川省第七批文物保护单位。

（三）文物构成。包括粗布纹瓦、铜渣、云纹瓦当、陶釜口沿、素面陶钵、绳纹瓦筒、陶罐口沿、陶钵底沿、格纹面砖、猪下颚骨、梯形几何花纹砖标本等。

（四）管理情况。寨子园冶铜遗址管理机构为九襄镇人民政府。

汉源茶马古道

（一）基本概况。汉源茶马古道位于四川省雅安市汉源县境内。现存遗址包括4处古道遗址、1处古城址、1处近现代重要史迹及代表性建筑，分别二十四道拐古道遗址、茶马古道羊圈门段、茶马古道飞越岭段、清溪关遗址、清溪故城遗址、护国桥。其中二十四道拐古道遗址、茶马古道羊圈门段、清溪关遗址、清溪故城遗址为国家重点文物“四川茶马古道”打捆文物点。

茶马古道汉源段属于川藏茶马古道中的“大路”。自荥经县凰仪堡，翻大相岭抵草鞋坪入汉源县境，下羊圈门经清溪古城出西门折转向西经富庄、宜东、三交城，再攀飞越岭，进入甘孜州泸定县，达康定，再进藏，县境内长约77.5千米，南路边茶主要由此进入藏区。茶马古道飞越岭段保存较好的在今汉源县三交乡汉恩村，位于汉恩村村委会西北800米，南北走向。南起林口（小地名），北接飞越岭，全长130000米，平均宽约1.5米。保存较好为二道桥（小地名）段约200米、伏龙寺段约2至3千米，飞越岭与甘孜州泸定县交界。此古道自秦汉开始，省内荥经、雅安一带的边茶经此道，自清溪，经宜东、飞越岭、过华林坪通往康定（打箭炉），又称“茶路”。其中飞越岭上下坡陡，为古道中最险要的一段。道路多由乱石和石板铺成，这里的古道宽约2米，用山石拼嵌而成，石块之间互相固定，防外力推动，经久耐用，部分路段内侧还有排水沟。古人独具匠心的巧妙构思被岁月牢牢凝固在古道上。现在整个古道保存较好，常年少有人走，多数荒芜。对研究古代中国西南交通变迁，文化交流，边疆发展，经济互通等史记有重要的历史意义。保护范围：道路自汉恩村起至坡顶（汉源、泸定交界处）两侧各外延2米；建设控制地带：重点保护范围外延5米。

护国桥位于汉源县宜东镇茂盛村5组，地理坐标为东经102° 26′ 34.1″，北纬29° 39′ 15.3″，海拔1458.4米。为单孔拱卷式石平桥，东西横跨于大沟上，贯通茶马古道，桥面由板石砌成，整桥长7.5米，宽6.3米，跨度15米，拱高8米，四个瑞兽由长1.2米，宽0.8米，厚0.5米的青条石雕成，桥两边为长7米高1.2米的条石护栏，护栏两侧有一对龙头雕刻，桥下龙头结石处刻有“永存万古”四个字。该桥建于1912年，一直是茶马古道的必经之路，大沟也为当时茶马古道的一小驿站，如今古道已成为天罡村中心村道，石拱桥下面的古河道石板台阶依稀可见。桥建筑对于研究茶马古道路变迁、把握地方经济发展、迁移有重要历史价值。保护范围：占地范围向东、西外延5米，向南、北外延3米；建设控制地带：保护范围外延5米。

（二）历史沿革。汉源茶马古道—飞越岭段、汉源茶马古道—护国桥于2012年时被公布为四川省第八批文物保护单位。

（三）文物构成。包括茶马古道飞越岭段、护国桥等。

（四）管理情况。汉源茶马古道管理机构为宜东镇人民政府。

清溪文庙

（一）基本概况。清溪文庙位于雅安市汉源县清溪镇新黎村村委会西北150米，地理坐标为东经102° 37′ 19.6″，北纬29° 34′ 53.6″，海拔1669.4米。清溪文庙是邑中现存唯一比较完整的清代木结构古建筑群，现今的文庙始建于清嘉庆四年（1799年），后在清同治九年（1870年）重建，光绪九年（1883年）告成，布局比嘉庆四年（1799年）营建的文庙更讲求对称正规。该庙主要建筑有：万仞宫墙、圣域门、贤关门；棂星门，泮池、滴水桥；戟门，乡贤、忠义、名宦、节孝四祠；东西两厢先贤、先儒祠；丹陛、大成殿，东西钟鼓楼；崇圣祠；红墙环抱。面积达5145平方米。整个建筑以木刻、石雕、陶塑、纹饰砖作装饰，布局严谨，南低北高，东西对称，浑然一体。其主要建筑：万仞宫墙为一道高达7米、宽15米的红色甬壁，矗立该庙南端用石条砌成的须弥座上，清名书法家张大成所写“萬仞宫墻”四字布于高3.5米、宽10米的卍字砖镶嵌的壁心上。棂星门宽8米、深2.3米、高6米用立柱穿枋式结构组成的四柱三间灰沙石的。中枋上刻“棂星门”三字。滴水桥，桥下为青砖砌就的半月形泮池。池深1米多，广约150平方米。戟门高约7米、深8米、长18米，共五间。当心间宽6米，左右次间、梢间各宽3米。该建筑中托垫举架的驼峰与次间、梢间前的棂隔扇门木雕精美。戟门两侧后方紧连着东西相向“先贤”“先儒”祠，各长25米、深5米、高约6米多。北面为面积达462平方米用石板镶嵌的宽敞祭场。大成殿，矗立在条石砌边、石板铺面，高4米、面积448平方米的台基上。走廊、副阶各占3米。大殿面阔5间21.3米，进深3间10.35米，通高11米。16根直径0.4米的副阶檐柱环立走廊；24根檐、中、角、内柱撑立殿间，彻上露明造。重檐歇山式屋顶覆盖筒瓦；飞檐挑角岔脊上饰有陶塑仙人、吼狮、天马等，现为省级文物保护单位。是研究农耕文化、宗祀祭奠、民间传说、风俗衍变等的重要建筑。保护范围：东、西以文庙院墙为界，北至文庙院墙外延10米；南至文庙万仞宫墙外延15米；建设控制地带：保护范围外延10米。

（二）历史沿革。2018年清溪文庙完成大成门、乡贤祠、名宦祠、忠义祠、节孝祠、东西两庑先贤先儒祠的屋面翻修及抢险排危工程。清溪文庙于2002年被公布为四川省第六批省级文物保护单位。

（三）文物构成。包括万仞宫墙、圣域门、贤关门；棂星门，泮池、滴水桥；戟门，乡贤、忠义、名宦、节孝四祠；东西两厢先贤、先儒祠；丹陛、大成殿，东西钟鼓楼；崇圣祠；红墙环抱。

（四）管理情况。清溪文庙管理机构为清溪镇人民政府。

凉山州

1. 文物保护单位名单

序号	名称	时代	类别	市（州）	县（市、区）	级别
1	海棠北城门	清	古建筑	凉山州	甘洛县	省级
2	关帝庙	清	古建筑	凉山州	甘洛县	省级
3	煖带密土司衙门	民国	近现代重要史迹及代表性建筑	凉山州	甘洛县	省级
4	彝族碉楼	民国	近现代重要史迹及代表性建筑	凉山州	甘洛县	省级
5	新民古城遗址	元	古遗址	凉山州	越西县	省级
6	小相岭（小山）古道遗址	明	古遗址	凉山州	越西县	省级

2. 部分文保单位简介

甘洛县

海棠北城门

（一）基本概况。海棠北城门位于凉山彝族自治州甘洛县海棠镇海棠村，地理坐标为东经102° 33′ 20.7″ ，北纬29° 02′ 22.2″ ，占地117平方米，城门面东，始建于明嘉靖四年（1525年），清雍正八年（1730年）续修，清道光十八年（1838年）修筑石城墙，城砖上铸有“道光十八年”字样，城门高5.5米，拱高4.07米，城门宽3.32米，城门洞厚2.83米。紧连北城门北面有50米城墙保存完好，另有东、南、北900多米古城墙残迹尚存。主要居住汉、彝、藏等三种民族，人口4000余人，面积111.2平方千米，甘—石公路、坪—海公路、蓼—海公路在此交汇，境内有通村公路25千米。海棠北城门位于海棠古镇城北，建筑周边为当地的传统民居，南距甘石公路60米，西距海棠中心小学340米，西南距海棠镇政府240米。气候属亚热带季风气候，雨热同季，植被为阔叶林针叶林混交地带，树种以华山松、桦木、漆树等为主。土壤类型以黄棕壤、棕壤为主。农作物以马铃薯、荞麦、白芸豆、玉米为主。牧业以绵羊、山羊、黄牛、猪为主，境内生长着具有很大药用价值的天麻、党参、贝母等名贵药材和野牛、岩羊、獐子、雉鸡等珍稀动物。矿产资源富集，已探明储量的矿种有煤、铅、锌、铜、铝、铁、磷等。海棠北城门及“将源”石刻地处海棠古城内，是南方丝绸之路，同时也是茶马古道上的重要历史遗存。“将源”石刻是研究我国少数民族地区石刻文化的重要文物，处于彝、汉、藏文化交汇处，历史悠久，保存较完好，具有较高的历史、社会、科学、艺术价值。保护范围：海棠古城墙所有占地范围。一般保护范围，南边段至甘石公路范围内，北边段城墙外脚起上下均至20米处为界。建设控制地带：南北225米范围内（甘石公路至北城墙外延20米处），东西560米的范围内（磨房沟至西门城墙），共12.6万平方米的范围内为建设控制地带。

（二）历史沿革。据唐代《蛮书》《贞元使程》记，唐时称海棠为“铺”或“达士驿”。明弘治年间（1488~1505年）置镇西守御后千户所，属越西卫。明嘉靖四年（1525年）修筑海棠城墙，后倒塌。清雍正六年（1728年）海棠设都司，续修海棠古城墙。清道光十八年（1838年）都司陈世享烧砖重修海棠古城。民国时是越西县海棠区和海棠乡驻地。1950年解放。1952年民主建政属越西县海棠区（第三区）海棠乡。1959年划归甘洛县。2001年，海棠北城门、“将源”石刻纳入县级文物保护单位。2007年被公布为州级文物保护单位。

（三）文物构成。包括城墙、“将源”石刻、守城兵住房遗址、青石板路、城门栓孔等。

（四）管理情况。海棠北城门管理机构为四川省凉山州甘洛县文物管理所，使用单位为四川省凉山州甘洛县海棠镇人民政府，2001年被公布县级文物保护单位以来，对保护管理机构及保护管理人员及聘用情况等都认真实行建档管理，对保护范围、建设控制地带、建立保护标志等有关资料、文件、图片等都有专人管理。

关帝庙

（一）基本概况。关帝庙位于四川省凉山州甘洛县海棠镇东门村，地理坐标为东经102° 33′ 11.5″ ，北纬29° 02′ 19.4″ ，海拔2028.9米。年代为清代，占地3700平方米，呈四合院分布，现存建筑“关帝庙”“三门”“南厢房”，是清代在原址上重建的庙宇，房屋为抬梁与穿逗相结合的木质结构建筑，关帝庙坐西向东，整个大殿共用38根圆木搭建而成，长18米，宽13米，通高9米，门前塑有清代石狮雕刻；三门面东，长12米，宽11米，通高6米；南厢房长9.7米，宽8米，通高5米，两层三间房。现寺庙内存有明、清碑刻、石柱、木柜等文物，地处海棠古城内，是南方丝绸之路，同时也是茶马古道上的重要历史遗存。海棠古镇千佛寺是研究我国少数民族地区寺庙文化的重要文物，处于彝、汉、藏文化交汇处，历史悠久，保存较完好，具有较高的历史、社会、科学、艺术价值。保护范围：东至海棠中心校围墙3米范围内，西临原海棠粮站围墙，南至正大街6米的范围内，北临居民住房围墙。建设控制地带：南北225米范围内（甘石公路至北城墙外延20米处），东西560米范围内（磨坊沟至西门城墙），共12.6万平方米的范围内。

（二）历史沿革。据唐代《蛮书》《贞元使程》记，唐时称海棠为

"铺"或"达士驿"。明弘治年间（1488~1505年）置镇西守御后千户所，属越西卫。明嘉庆四年（1525年）修筑海棠城墙，后倒塌。清雍正六年（1728年）海棠设都司，续修海棠古城墙。清道光十八年（1838年）都司陈世享烧砖重修海棠古城，及组织修建大菩萨顶大佛庙。民国时是越西县海棠区和海棠乡驻地。1950年解放。1952年民主建政属越西县海棠区（第三区）海棠乡。1959年划归甘洛县。2001年，海棠古镇千佛寺纳入县级文物保护单位。2007年，被公布为州级文物保护单位。

（三）文物构成。包括三门、南厢房、主庙门前天井尚存、清代石狮雕刻、明代碑刻、清代木柜神龛、清代石质菩萨像、清代"汉夷"碑刻、清代"戏文"石条柱等。

（四）管理情况。关帝庙管理机构为四川省凉山州甘洛县海棠镇人民政府。使用单位为四川省凉山州甘洛县海棠镇千佛寺管理委员会，2001年，被公布县级文物保护单位以来，对保护管理机构及保护管理人员及聘用情况等都认真实行建档管理，对保护范围、建设控制地带、建立保护标志等有关资料、文件、图片等都有专人管理。

煖带密土司衙门

（一）基本概况。煖带密土司衙门位于四川省凉山州甘洛县前进乡前进村二组，地理坐标为东经102° 44′ 01.9″，北纬29° 02′ 05.4″，海拔1298.7米。年代为民国，现存建筑是末代土司于民国时期修建的。座北向南、长方形，东西长21.2米，南北宽9.48米，高9.9米、石墙厚0.8米、屋檐1.3米，共计14间房，建筑面积200.97平方米。正面底层窗户7个、上层8个、侧面一、二层各有2个窗户，底层设有两扇门，其门框均用石条砌成，石条上刻有对联，文革时被破坏，东边一扇横批刻有"建威家声"，西边门横批刻有"正屋"。门前有台阶三梯，西侧檐坎同样有台阶三梯，外墙用石条垒砌至梁，内二层起梁架结构为抬梁与穿逗混合组成。单檐悬山顶，屋顶为三角形桁架，上覆小青瓦。保护范围：南至居民住宅30米的范围内，西至居民住宅3米的范围内，东至居民住宅2米的范围内，北至居民住宅3米的范围内。建设控制地带：从保护范围东、南、西、北外延40米。

（二）历史沿革。元代该土司彝称斯兹兹莫，住牧在邛部州，即今越西县，因此越西又称为“斯兹拉达”。明代封邛部长官司，衙门先设柏香坪，后移尔玛地，即今越西县新民镇大寨村，现仅存遗址。清代康熙四十九年（1710年）投诚，朝廷封长房为邛部宣抚司，封次房岭安泰为煖带密土千户，衙门设基打古，即今甘洛县前进乡前进村。

民国末代土司岭邦正于19世纪40年代在老衙门四合院建筑南侧新修石木结构的一楼一底新衙门楼房。1956年，建县后土司衙门作为乡地政府办公楼使用。2008年，被公布为县级文物保护单位。由文化主管部门和当地政府分级管理，进一步加强了土司衙门的管护。

（三）文物构成。包括正厅、楼厅、会客厅、卧室、客房、台阶、门、石窗、煖带密土游击关防印、邛部宣抚司印、岭承恩墓碑、岭承恩紫光阁绘像等。

（四）管理情况。煖带密土司衙门管理机构为四川省凉山州甘洛县文物管理所。使用单位为四川省凉山州甘洛县前进乡前进村，2008年，被公布县级文物保护单位以来，对保护管理机构及保护管理人员及聘用情况等都认真实行建档管理，对保护范围、建设控制地带、建立保护标志等有关资料、文件、图片等都有专人管理。

彝族碉楼

（一）基本概况。彝族碉楼位于四川省凉山州甘洛县阿尔乡乃乌村，地理坐标为东经102° 48′ 50.4″，北纬28° 54′ 20.6″，海拔1409.3米。建于民国，土木结构，坐南朝北，长4.7米、宽4.6米，通高12米，占地面积仅为21.6平方米。基础部分用石块砌至2米，后用泥土加竹条筋夯实逐层收缩至顶部墙体长宽为2.4米而收顶，墙面采用原始方法牛粪伴黏土抹糊。共4层，内为木质楼板，每层空间高2米，第二层起四周设有内大外小、内高外低的枪眼，孔眼共计19个，顶部为穿逗式结构，椽柱黑黄相间，脊檐上翘，楼顶东西两侧各有三挑，每挑可分为上下挑，上挑做有灯笼花雕饰，下挑为灯笼花坐墩兼彝族传统建筑的斗角装饰，单扇门高1.5米、宽0.58米、门厚0.07米、土墙底部厚0.75米，顶部厚0.5米。双檐悬山式，上覆小青瓦，其功用在于防匪防盗。该建筑是黑彝阿主尔沙家所建，是当地原形态保存较为完整，建筑独特的彝族碉楼建筑，历史悠久、保存完好、具有较高的历史、社会、科学、艺术价值，对研究我国西南民族史、民族建筑艺术等具有十分重要的意义。保护范围：东至阿尔乡人民政府职工住宅楼21米范围内、南至乡政府厨房3米的范围、西至乡政府浴室5米的范围内、北至乡政府大门围墙15米的范围内。建筑控制地带：该保护范围东、南、西、北外延38米处为建设控制地带。

（二）历史沿革。阿尔乡因彝族姓氏“阿尔”而得名，明、清时为阿尔六磨土百户、乡总辖地，民国时未设政权机构，是黑彝阿助家属地。1956年民主改革后建阿尔乡，1959年与普昌乡合并为普昌人民公社的阿尔大队，1961年恢复乡制，1973年再改建为阿尔乡人民公社，1985年撤公社复乡。

（三）文物构成。包括上挑灯笼花雕、下挑灯笼花坐墩兼彝族传统建筑的斗角、单扇门、土墙、双檐悬山式、上覆小青瓦等。

（四）管理情况。彝族碉楼管理机构四川省凉山州甘洛县阿尔乡人民政府，现使用机构四川省凉山州甘洛县阿尔乡人民政府。2008年，被公布县级文物保护单位以来，对保护管理机构及保护管理人员及聘用情况等都认真实行建档管理，对保护范围、建设控制地带、建立保护标志等有关资料、文件、图片等都有专人管理。

越西县

新民古城遗址

（一）基本概况。新民古城遗址位于凉山州越西县新民镇新市村，地理坐标为东经102° 31′ 56.2″，北纬28° 42′ 54.3″，海拔1680米。始建年代为元代，占地面积346251平方米，由东、南、西、北的残城墙（各残存段从十多米到五六十米）构成。新民为汉越西郡阑县所在地，原为“邛人邑”。新民古城为元代邛部州州城，是目前凉山州境内唯一保存至今的元代文化遗存。保护范围：残城墙两侧30米。建设控制地带：残城墙两侧50米。

（二）历史沿革。新民古城遗址始建于元代，2007年被公布为第七批省级文物保护单位。

（三）文物构成。包括东、南、西、北的残城墙。

（四）管理情况。新民古城遗址产权为国有，使用单位为新市村村委会，管理单位越西县文物管理所，目前作为新市村耕地使用。

小相岭（小山）古道遗址

（一）基本概况。小相岭（小山）古道遗址位于凉山州越西县南菁镇小相岭村，地理坐标为东经102° 25′ 24.7″，北纬28° 28′ 56.7″，海拔2848米。古道遗址是南方丝绸之路零关古道的组成段也是川滇茶马古道的组成段。始建年代为明代，占地面积1500平方米，由残存的石板古道1.7千米和两处哨所遗址构成。《越西县志》记载：古道明代时修复，清代和明国时期曾对驿道进行修整。解放后新修公路的出现，古道逐渐废弃。保护范围：残存古道两侧15米；哨所石围墙外20米。建设控制地带：残存古道两侧30米；哨所石围墙外50米。

（二）历史沿革。小相岭（小山）古道遗址始建于汉代，明、清多次修复。2019年被公布为第九批省级文物保护单位。

（三）文物构成。由残存的石板古道、哨所等构成。

（四）管理情况。小相岭（小山）古道遗址产权为国有，使用单位为小相岭村村委会，管理单位为越西县文物管理所，目前作为小相岭村荒山。

乐山市

1. 文物保护单位名单

序号	名称	时代	类别	市（州）	县（市、区）	级别
1	大庙飞来殿	宋至元	古建筑	乐山市	峨眉山市	国家级
2	卧云庵	清	古建筑	乐山市	峨眉山市	省级
3	洗象池	清	古建筑	乐山市	峨眉山市	省级
4	仙峰寺	清	古建筑	乐山市	峨眉山市	省级
5	纯阳殿	清	古建筑	乐山市	峨眉山市	省级
6	灵岩寺石牌坊	明	古建筑	乐山市	峨眉山市	省级
7	神水阁	清	古建筑	乐山市	峨眉山市	省级
8	雷音寺	清	古建筑	乐山市	峨眉山市	省级
9	福利普贤寺	明	古建筑	乐山市	峨眉山市	省级
10	普兴祝家大院	清	近现代重要史迹及代表性建筑	乐山市	峨眉山市	省级
11	拆楼圣堂	清	近现代重要史迹及代表性建筑	乐山市	峨眉山市	省级
12	塘房陈氏民居	民国	近现代重要史迹及代表性建筑	乐山市	峨眉山市	省级
13	乐山郭沫若故居	清	近现代重要史迹及代表性建筑	乐山市	沙湾区	国家级

续表

序号	名称	时代	类别	市（州）	县（市、区）	级别
14	乐山大佛	唐	石窟寺及石刻	乐山市	市中区	国家级
15	麻浩崖墓	东汉至南北朝	古墓葬	乐山市	市中区	国家级
16	离堆	秦至清	古建筑	乐山市	市中区	国家级
17	首座受控核聚变试验装置旧址	1971年	近现代重要史迹及代表性建筑	乐山市	市中区	国家级
18	柿子湾崖墓	汉	古墓葬	乐山市	市中区	省级
19	肖坝崖墓	汉	古墓葬	乐山市	市中区	省级
20	白岩山岩墓	汉	古墓葬	乐山市	市中区	省级
21	文庙及老霄顶	清	古建筑	乐山市	市中区	省级
22	嘉州古城墙	明、清	古建筑	乐山市	市中区	省级
23	乐山宋氏祠堂	清	古建筑	乐山市	市中区	省级

2. 部分文保单位简介

峨眉山市

大庙飞来殿

（一）基本概况。大庙飞来殿，位于峨眉山市城北2.5千米的飞来岗上（绥山镇大庙村），地理坐标为东经103° 28′ 31.4″，北纬29° 37′ 24.6″。始建年代无考，重修于北宋淳化四年（993年）名曰天齐王行庙和元大德二年（公元1298年）。元泰定元年（公元1324年）始告落成，改为“东岳庙”。

据元泰定四年（1327年）碑文记载：“庙之经始，莫能究，淳化、崇年断碣略云，庙址神所自择，当一夕有风雷之变，迟明小殿巍然，自是民无疾藜，年谷丰登。”后人故曰：“飞来殿”。飞来殿三字为明代嘉洲太守郭卫宸书写。明万历三年（1575年）始供佛像，称“飞来寺”。因这里佛、道杂居，后俗称“大庙”。

大庙飞来殿现存有宋、元、明、清木构建筑，面积2119.6平方米，总占地面积19432.18平方米，修筑了围墙保护。1956年被公布为四川省文物保护单位。1983年以来，国家文物局和四川省文化厅陆续拨出了专款进行维修。1988年被公布为全国重点文物保护单位。

大庙飞来殿古建筑群，依山而建，在中轴线上按山门、九蟒殿、香殿、飞来殿序列逐渐升高，一殿高出一殿。山门左后侧有毗卢殿；九蟒殿左侧有观音殿。

山门：座西朝东，木结构重檐庑殿式屋顶，穿逗式梁架，3穿用5柱。面阔5间19.5米，进深4间6.5米，通高704米。素面台基高2.55米，垂带式踏道17级。

九蟒殿：座西朝东，为单体木结构单檐歇山式屋顶，抬梁式梁架，八架椽屋用三柱。檐下施斗拱24朵。面阔3间12.25米，进深2间6.25米，通高6.8米，素面台基高1.2米，垂带式踏道13级。

香殿：座西朝东，为单体木结构单檐歇山式屋顶，抬梁式梁架，四架椽屋两山面用分心柱，殿内不用。面阔3间12.8米，进深2间6.2米，通高8.2米。前檐斗拱9朵，为双抄不施昂，重拱五铺作并计心造。第二跳华拱刻成龙头和鹰头。后檐斗拱与山面斗拱15朵，均为双抄不施昂重拱五铺作并计心造。

毗卢殿：座南朝北，为单体木结构单檐歇山式屋顶，抬梁式梁架，八架椽屋前后乳栿劄牵用4柱，两山面用分心柱，殿内不用。四周檐下不施斗拱。当心间正中施用了贯通整个梁架的大叉手。两山面采用了类似托脚的构件。面阔3间9.4米，进深4间10.1米，通高7.5米，素面台基高0.2米。

观音殿：座西朝东，木结构单檐悬山式屋顶，山面生为穿逗式梁架，5穿用6柱，明间为抬梁式梁架11步架用5柱。面阔5间21.5米，进深5间11.4米，通高7.4米，素面台基高0.2米。

飞来殿坐西向东，单檐歇山式木构，琉璃屋面，抬梁式梁架，八架椽屋前后乳栿劄牵用五柱，柱子平面布局为减柱造和移柱造，面阔三间18.2米，内柱为五间，进深四间13.3米，通高13.15米。前檐斗拱12朵，为六铺作双抄单下昂，重拱计心造，昂尖上卷成象鼻式，第二跳华拱刻龙头置于昂下，后檐与山面斗拱26朵，为六铺作单抄双下昂。殿前月台阔19.5米，深10.5米，高1.5米，垂带式踏道10级。两条金身泥胎蟠龙盘旋于前檐柱子上，塑造精致，栩栩如生。整个建筑，造形雄伟，风格独特，是研究中国古代木构建筑的珍贵实物依据，实属我国西南地区之少见。

1997年将峨眉山市级文物保护单位“西坡寺大殿”搬迁至大庙飞来殿。

保护范围：东至以距山门东侧30米为界，南至以距飞来殿南侧55米为界，西至以距西坡寺西侧20米为界，北至以距飞来殿北侧35米为界。占地面积2.047公顷。建设控制地带：东至陶瓷厂东侧乡道，南至虎头山山脚，西至距西坡寺水平距离100米处，北至距飞来殿北侧水平距离150米处。占地面积10.916公顷。

（二）历史沿革。大庙飞来殿于1956年时被公布为四川省第一批历史革命文物保护单位，1981年重新被公布为四川省文物保护单位；1988年被国务院列为第三批全国重点文物保护单位，1996年被联合国教科文组织列入《世界自然与文化遗产名录》的组成部分。

（三）文物构成。包括山门、毗卢殿、观音殿、九蟒殿、香殿、飞来殿以及附属建筑等等。

（四）管理情况。大庙飞来殿产权为国有，使用单位为峨眉山市博物馆，管理单位为峨眉山市博物馆，目前作为博物馆免费开放使用。

卧云庵

（一）基本概况。卧云庵位于乐山市峨眉山市黄湾镇金顶1号，地理坐标为东经103° 20′ 10.9″，北纬29° 31′ 24.8″，海拔3066米。始建年代为清代，占地面积2250平方米，建筑面积1575平方米，由弥勒殿、观音殿、厢房等构成。寺后崖下白云环绕，寺如卧云中，故名卧云庵。因屋面覆盖锡瓦，每当云开日出，银光闪耀，素有峨眉银顶之称。卧云庵地处峨眉山金顶（峨眉山的朝圣中心），是中国佛教圣山中海拔最高的汉传寺院。保护范围：占地范围外延5米。建设控制地带：保护范围向东、南、北延伸至悬崖，向西外延80米。

（二）历史沿革。始建于唐，明嘉靖年间性天和尚再建，明末建筑朽败。清康熙二年（1663年）伏虎寺僧可闻率徒“卧云四友”重建。清道光二十八年（1848年）和光绪十六年（1890年）两度失火。1953年，进行了重点维修。2005年，峨眉山佛教协会落架维修。2007年被公布为省级文物保护单位。

（三）文物构成。包括弥勒殿、观音殿、厢房等。

（四）管理情况。卧云庵产权为国家所有，使用单位为峨眉山佛教协会，管理单位为峨眉山文物保护管理所，目前作为宗教活动场所使用。

洗象池

（一）基本概况。洗象池位于乐山市峨眉山市黄湾镇洗象池11号，地理坐标为东经103° 20′ 38.9″，北纬29° 33′ 30.2″，海拔2070米。始建年代为清代，占地面积4500平方米，建筑面积3777平方米，由弥勒殿、大雄宝殿、观音殿等构成。寺旁升象石岩壁上，阴刻有明至清的名人题刻三则：“岩谷灵光”“古洗象池”“象池夜月”。“象池夜月”是峨眉山传统十景之一。保护范围：以建筑围墙为界。建设控制地带：保护范围向东、西延伸至悬崖，向南、北外延80米。

（二）历史沿革。始建于明正德年间（1506~1510年），名初喜亭，后改建为庵，名初喜庵。庵前有天然水池一眼，传说普贤菩萨骑象登峨眉山时，曾在此汲水洗象，故名洗象池。清康熙三十八年（1699年），行能禅师改建为寺，名天花禅院。清乾隆元年（1736年），月正和尚将池改砌为六方，池畔放一石象，以应普贤菩萨洗象之说，以后则习称寺为洗象池。2007年被公布为省级文物保护单位。

（三）文物构成。包括弥勒殿、大雄宝殿、观音殿等。

（四）管理情况。洗象池产权为国家所有，使用单位为峨眉山佛教协会，管理单位为峨眉山文物保护管理所，目前作为宗教活动场所使用。

仙峰寺

（一）基本概况。仙峰寺位于乐山市峨眉山市黄湾镇清音村5组，地理坐标为东经103° 21′ 25.5″，北纬29° 32′ 58.5″，海拔1750米。始建年代为清代，占地面积3500平方米，建筑面积2450平方米，由财神殿、大雄宝殿、舍利殿等构成。寺后仙峰岩高耸入云，云重雾浓，庙宇在雾中时隐时现，恍若仙山琼楼。因寺后有九老洞，故寺俗称九老洞。“九老仙府”是峨眉山传统十景之一。保护范围：以建筑围墙为界。建设控制地带：保护范围外延80米。

（二）历史沿革。始建于元至元十八年（1281年），时称慈延寺或永延寺。明万历四十年（1612年），本炯禅师扩建为大寺，万历皇帝赐予龙藏经物颇多。明崇帧十七年（1644年）毁于火。清乾隆四十四年（1779年），玉升、泰安和尚再度重建。2007年被公布为省级文物保护单位。

（三）文物构成。包括财神殿、大雄宝殿、舍利殿等。

（四）管理情况。仙峰寺产权为国家所有，使用单位为峨眉山佛教协会，管理单位为峨眉山文物保护管理所，目前作为宗教活动场所使用。

纯阳殿

（一）基本概况。纯阳殿位于乐山市峨眉山市黄湾镇清音村9组，地理坐标为东经103° 25′ 9.9″，北纬29° 34′ 9.9″，海拔940米。年代为清代，占地面积2000平方米，建筑面积1445平方米，由天王殿、药师殿、大雄宝殿等构成。寺周遗留有众多道教遗迹，殿后的两通明代石碑，文字清晰可辨，反映了峨眉山原是佛道并存，而后佛法昌隆，羽士绝踪的历史。保护范围：以建筑围墙为界。建设控制地带：保护范围外延80米。

（二）历史沿革。始建于宋，原为道教宫观。明万历十三年（1585年）御史卫阳子赫瀛重建，名古吕仙行祠。崇祯六年（1633年）四川监察御史刘宗祥增修，更名纯阳吕祖殿，简称纯阳殿。清初和乾隆、嘉庆年间，奉弥勒像，改为佛寺。2007年被公布为省级文物保护单位。

（三）文物构成。包括天王殿、药师殿、大雄宝殿等。

（四）管理情况。纯阳殿产权为国家所有，使用单位为峨眉山佛教协会，管理单位为峨眉山文物保护管理所，目前作为宗教活动场所使用。

灵岩寺石牌坊

（一）基本概况。

灵岩寺石牌坊位于高桥镇高桥村，地理坐标为东经103° 25′ 46.7″，北纬29° 31′ 02.1″。建于明嘉靖十年（1531年），青粗沙石质仿木结构，座南向北，二重三滴水，通高6.2米，4柱3间，柱子平面呈四边形，边长0.53米，坊檐下施斗拱9朵（现存7朵）。坊上雕有精美禽兽、花卉12副，采用透雕和高浮雕。正面隔板上刻有“敕赐禅林”四个大字。落款为“嘉靖辛卯春三月都给事中安盘书”两行14个小字。

保护范围：牌坊外缘外延10米。建设控制地带：以保护范围边界为基线，向外延伸30米。

历史沿革。1986年5月21日，被乐山市人民政府公布为乐山市文物保护单位。2007年被四川省人民政府公布为四川省文物保护单位。

（三）文物构成。石牌坊1座。

（四）管理情况。灵岩寺石牌坊产权为国有，使用单位为峨眉山市高桥镇小学，管理单位为峨眉山市高桥镇小学，目前作为教育场所使用。

神水阁

（一）基本概况。神水阁位于乐山市峨眉山市黄湾镇清音村10组，地理坐标为东经103° 24′ 28.3″，北纬29° 33′ 59.5″，海拔815米。始建年代为清代，占地面积2660平方米，建筑面积1500平方米，由弥勒殿、大雄宝殿和观音殿等构成。寺前大峨石刻上，有唐吕纯阳的“大峨”、宋初陈抟的“福寿”、明张景贤的“神水”六个大字，旁边的开阔奇观石刻上，有明“嘉定四谏”所题刻的“玉液泉”“云根”“凤谷”等字迹。保护范围：以建筑围墙为界。建设控制地带：保护范围外延80米。

（二）历史沿革。原为明安庆巡抚吴用先居所，名水竹居。明万历末年，因水竹居前有“玉液”神水，遂改宅为寺，名神水庵。清顺治年间改名神水阁。1940年，普智上人率徒行愿，振兴寺院。1986年大修。2012年被公布为省级文物保护单位。

（三）文物构成。包括弥勒殿、大雄宝殿和观音殿等。

（四）管理情况。神水阁产权为国家所有，使用单位为峨眉山佛教协会，管理单位为峨眉山文物保护管理所，目前作为宗教活动场所使用。

雷音寺

（一）基本概况。雷音寺位于乐山市峨眉山市黄湾镇清音村12组，地理坐标为东经103° 25′ 33.2″，北纬29° 33′ 54.3″，海拔710米。始建年代为明代，占地面积1800平方米，建筑面积1300平方米，由弥勒殿、大雄宝殿和观音殿等构成。因所处地形狭窄，巧妙地运用了吊脚楼，造就丰富的建筑形象。保护范围：以占地范围为界。建设控制地带：保护范围外延80米。

（二）历史沿革。始建于明嘉靖年间，名为观音堂。相传无瑕禅师住锡于此，摄心退熊，定寂走虎，名震四方，檀越为之创寺，遂名雷音。清初曾一度改名解脱庵，光绪十年（1884年）改建寺宇，仍名雷音。1990年建观音殿，奉柏杨木雕千手观音一尊。2012年被公布为省级文物保护单位。

（三）文物构成。包括弥勒殿、大雄宝殿和观音殿等。

（四）管理情况。雷音寺产权为国家所有，使用单位为峨眉山佛教协会，管理单位为峨眉山文物保护管理所，目前作为宗教活动场所使用。

福利普贤寺

（一）基本概况。

福利普贤寺位于峨眉山市双福镇普兴村，地理坐标为东经103° 27′ 57.4″，北纬29° 41′ 32.8″。座南向北，木构单檐歇山式小青瓦屋面。重修于明永历十年（1656年），抬梁式梁架八架，檐屋前后乳栿扎牵用四柱，檐下施斗拱四朵，面阔三间13.65米，进深三间13.7米，通高9.8米。素面台基，高0.95米，垂带式踏道5级。

普贤寺宝昙和尚祭祀窟，该石窟在一高7米，宽10米，厚5米的豆青砂石上镂空而成。坐北向南，仿木构建筑单檐悬山式屋顶，面阔三间4米，进深2.3米，通高5.8米，檐下雕有斗拱七朵，屋顶上方凿有水槽。窟内有三座纪念塔，（从东至西）第一个“历代主持之塔”，中间一个为“宝昙禅师之塔”，第三个“清净海会之塔”。每个塔前有一小坑，长0.5米，宽0.3米，深0.3米，系烧钱化纸祭奠之用。

根据该窟的建筑形制和峨眉志记载，系明代作品。

保护范围：建筑外缘外延10米。建设控制地带：保护范围外延20米。

（二）历史沿革。1988年被公布为我市（县级）第一批文物保护单位。1998年3月27日乐府发（1998）26号文，被公布为乐山市市级第二批文物保护单位。2012年被四川省人民政府公布为四川省文物保护单位。

（三）文物构成。普贤寺大殿、宝昙和尚祭祀窟。

（四）管理情况。福利普贤寺管理产权为国有，使用单位为峨眉山市双福镇人民政府，管理单位为峨眉山市双福镇人民政府，目前作为开放场所使用。

普兴祝家大院

（一）基本概况。

普兴祝家大院，位于峨眉山市双福镇悦连村，地理坐标为东经103° 27′ 07.4″，北纬29° 42′ 37.4″。包括祝沟祝氏宅和祝家大院。祝家大院，坐南向北，建于民国时期，原为四进四合院，呈一字型布局，现存1进半。完整的四合院由正房，前房，左右厢房组成。均为木结构，单檐，悬山式屋顶，小青瓦屋面，穿斗式梁架，通高7米，素面台基。其中：正房，面阔四柱三间16.7米，进深七柱六间10.3米，通高7米；前房为吊脚楼，面阔六柱五间16.7米，通高6.4米，明间为通道，有垂带式踏跺17级；左右厢房各面阔十柱九间30.75米，进深四柱三间4.9米，通高7米。是我市目前保存规模最大、最完好的吊脚楼四合院特色民居建筑。

小学部分：

据了解建于清代末期，坐东南向西北，建筑占地面积1083.6平方米。该建筑原为一个四合院和一个三合院组合而成，因修建悦连小学，四合院被拆除，仅存部分厢房，三合院基本保存完好。现存建筑由前房、前左右厢房和后左厢房组成，均为木结构、单檐、悬山式屋顶、小青瓦屋面，穿斗式梁架，素面台基。其中：前房面阔十一柱十间39米，进深四柱三间4.7米，通高9米，从东北向西南数第四间为通道；前右厢房为三层楼，面阔三柱两间8.2米，进深五柱四间6米，通高12米；前左厢房为三层楼，面阔三柱两间7.8米，进深三柱两间4米，通高12米；后左厢房现存面阔四柱三间11.8米，进深四柱三间6.9米，通高6米；为典型的吊脚楼民居建筑，对于研究我市清朝时期民居建筑的形制及风格提供了重要的实物依据。2012年7月被公布为第八批省级文物保护单位。

保护范围：东至原庭院挡土墙外延4米，南至建筑台明外延30米，西至西侧建筑台明外缘外延20米，北至四合院中厢房外缘外延60米。建设控制地带：保护范围向东外延30米，向南外延20米，向西外延30米，向北外延10米。

（二）历史沿革。2012年被四川省人民政府公布为四川省文物保护单位。

（三）文物构成。祝沟祝氏宅和祝家大院。

（四）管理情况。祝家大院产权为国有，使用单位为峨眉山市峨眉发展公司（国资）和峨眉山市双福镇人民政府，管理单位为峨眉山市峨眉发展公司（国资）和峨眉山市双福镇人民政府，目前作为居住场所使用。

拆楼圣堂

（一）基本概况。

拆楼圣堂位于峨山街道彭桥村，地理坐标为东经103° 29′ 33.2″，北纬29° 33′ 44.3″。现存经堂、钟楼牌坊和男学堂，占地面积1290平方米。经堂，坐西向东，悬山顶木结构，穿斗梁架三穿用4柱，面阔五间20.15米，进深三间11.4米，通高10米，内用卷棚天花板，板上饰五角星图。紧邻经堂山面（东面），是砖石结构的牌坊（钟楼牌坊），坊为四柱三间，通高12米。经堂北面为男学堂为呈三合院布局，木结构，单檐，悬山式屋顶，小青瓦屋面，穿斗式梁架，素面台基。是乐山市保存最完好、规模最大的法国哥特式天主教教堂建筑。

保护范围：东至钟楼牌坊外延120米，南至教会办公房外延45米，西至经堂外延50米，北至女子学堂外延22米。占地面积2.732公顷。建设控制地带：保护范围向东外延71.5米，向南外延80米，向西外延50米，向北外延76米。

（二）历史沿革。1988年被公布为我市（县级）第一批文物保护单位。1998年3月27日乐府发（1998）26号文，被公布为乐山市市级第二批文物保护单位。2007年被四川省人民政府公布为四川省文物保护单位。

（三）文物构成。经堂、钟楼牌坊和男学堂。

（四）管理情况。拆楼圣堂管理产权为集体，使用单位为峨眉山市天主教爱国会，管理单位为峨眉山市天主教爱国会，目前作为宗教场所使用。

塘房陈氏民居

（一）基本概况。

塘房陈氏民居，位于峨眉山市双福镇塘房村，地理坐标为东经103° 30′ 35.4″，北纬29° 39′ 08.8″。坐北向南，占地面积295平方米，建筑面积803.4平方米。为一幢具中西合璧风格的单体建筑。楼平面呈方形，砖木结构三重檐八角攒尖顶，共五层，楼房通高19.7米。一至三层的面阔为五间16.25米，进深五间16.48米，第四层被顶覆盖，呈隐蔽层，第五层为顶层，屋顶建重檐攒尖八角亭，该顶亭高5米，共用8根亭柱。亭下楼顶为斜面坡式，四面坡顶共设8个采光通风孔，东西两侧还设瞭望台2个，一至三楼外缘四周为通走廊，廊宽1.9米，一层廊道外沿无栏杆。每层有通道和厕所，楼房中部竖4根实心砖柱，踏道绕柱可盘旋至楼顶，楼房室内有壁炉8个。该楼所用青砖系专门设计烧制，楼房总体保存基本完整。是我市唯一西式民居建筑，是我研究我市建筑多元化不可多得的实物资料。

保护范围：建筑占地范围外延5米。建设控制地带：保护范围外延5米。

（二）历史沿革。1988年4月2日峨府发（1988）11号文，被公布为我市第一批文物保护单位。2012年被四川省人民政府公布为四川省文物保护单位。

（三）文物构成。建筑1栋。

（四）管理情况。塘房陈氏民居产权为国有，使用单位为峨眉山市峨眉发展公司（国资），管理单位为峨眉山市峨眉发展公司（国资），目前作为居住场所使用。

沙湾区

乐山郭沫若故居

（一）基本概况。乐山郭沫若故居位于乐山市沙湾区文豪路351号，地理坐标为东经103° 32′ 43.8″，北纬29° 24′ 52.8″，海拔404米，是一座由四进三个天井和一个后花园组成的穿斗木结构小青瓦平房。郭沫若故居始建于清嘉庆年间，是郭沫若诞生和少年时代学习和生活的地方，占地面积3525平方米，建筑面积1108平方米，绿化面积1406平方米。有雕塑2个，雕塑1：郭沫若半身石膏像；雕塑2：汉白玉雕塑沈焕章与郭沫若。拥有36个展览房间，展陈面积682平方米。其中基本陈列18个，名称为郭家商铺、郭沫若诞生室、传家处事联、郭开文居室、第一天井、汾阳世第牌匾、郭朝沛杜老夫人居室、于立群居室、张琼华居室、第二天井、1939年郭沫若回家省亲时居室、郭家老井和厨房、客厅、饭厅、第三天井、郭开运居室、绥山山馆、沈焕章居室等，面积450平方米。集居室、商铺、家塾、园林于一体，至今保留着古朴风貌。

（二）历史沿革。郭沫若故居1980年修复并对外开放，同年7月，郭沫若故居经四川省人民政府批准为省级文物保护单位。1994年和1995年，郭沫若故居先后被列为四川省青少年革命传统教育基地和爱国主义教育基地；2004年成功创建为国家AA级旅游景区；2006年5月被国务院公布为“全国重点文物保护单位”；2013年3月被命名为四川省省级科普教育基地，7月成功创建为国家AAAA级旅游景区；2014年8月被授予四川省国防教育基地，11月被命名为四川省中共党史教育基地；2017年5月被命名为第二批“四川统一战线中国特色社会主义教育基地”。2018年9月被命名为四川省青少年社会实践教育基地，11月被命名为四川省廉洁文化基地。2019年12月被命名为第八批“四川省社会科学普及基地”。2020年11月被命名为第八批中国华侨国际文化交流基地。2021年4月被命名为四川省首批中小学红色研学实践基地。

（三）文物构成。包括郭沫若故居三重四合院民居建筑、后花园以及故居内展陈的44件石刻碑文、柱础等可移动文物，分布在后花园、故居大门、绥山山馆门前等地。

（四）管理情况。乐山郭沫若故居管理机构为乐山市沙湾区旅游景区服务中心。乐山市沙湾区景区服务中心为正科级公益一类事业单位，负责乐山郭沫若故居的保护研究相关工作。

市中区

乐山大佛

（一）基本概况。乐山大佛位于乐山市市中区凌云路2435号，地理坐标为东经103° 46′ 10.0″ ，北纬29° 32′ 48.5″ 。海拔408.0米（测点位置为佛头后侧平台1米处）。大佛在唐开元初年由海通和尚发起开凿，中经章仇兼琼的续建，到贞元十九年（803年）才由韦皋主持完工。大佛坐身高为59.98米，头长11.25米，眼长2.46米，耳长6.2米，肩宽23.35米，脚长10.3米。大佛龛上原建有大像阁，为十三层楼阁式建筑，后毁于战火。大佛龛外，两天王龛高约16米，宽约6米。大佛北侧为凌云寺，又名大佛寺，始建于唐开元年间。现存建筑为清代康熙年间所建。寺山门坐南朝北，而主体建筑坐东向西，分为天王殿、大雄殿、藏经楼等。天王殿为穿斗单檐歇山顶建筑。大雄殿为抬梁式单檐歇山顶建筑，面阔五间22.2米，进深五间21.25米，通高11米，殿内供奉三身佛像。保护范围：北至乐山大佛景区北门，西至凌云山临江摩崖造像、乐山大佛沿江山体外延30米边界处，南至下观音寺南侧山脚，东至灵宝塔停车场东缘、凌云寺藏经楼东侧陡坎、下观音寺东侧山脚连线。建设控制地带：北至城南旅游二号码头南端到岷江对岸观佛楼南侧连线，西至岷江西岸与凤洲岛东侧边界，南至拥翠楼与祝融峰和兑悦峰山脚连线，东至城南干道西侧、乐山大佛景区东门、就日峰西侧山脚连线。

（二）历史沿革。乐山大佛于1956年时被公布为四川省第一批历史革命文物保护单位，1982年被国务院列为第二批全国重点文物保护单位，1996年被联合国教科文组织列入《世界自然与文化遗产名录》。

（三）文物构成。包括乐山大佛、灵宝塔、麻浩崖墓、离堆（含乌尤寺古建筑群）、柿子湾崖墓、凌云寺、三龟九顶城以及47处文物保护点和

200余处石刻题记碑文等。

（四）管理情况。乐山大佛管理机构为乐山大佛风景名胜区管理委员会（乐山大佛乌尤文物保护管理局），2015年成立的乐山大佛石窟研究院，为其下属正科级公益一类事业单位，负责乐山大佛保护研究相关工作。2021年5月乐山大佛石窟研究院由原来的正科级机构升格为副县级机构，作为乐山大佛景区管委会下属公益一类事业单位，负责乐山大佛保护研究相关工作。

首座受控核聚变实验装置旧址

（一）基本概况。首座受控核聚变实验装置旧址四川省乐山市市中区绿心街道肖坝社区的成都理工大学工程技术学院校园内。包括主机大厅、中央控制室和辅助大厅，建成于1971年，占地面积2560平方米，建筑面积2900平方米。主机大厅1971年建成，共一层，钢筋混凝土框架结构，建筑面积1300平方米。双坡屋顶，屋架采用钢质三角形桁架的形式；中央控制室1971年建成共两层，钢筋混凝土框架结构，建筑面积670平方米，单坡屋顶；辅助大厅1971年建成，共一层，钢筋混凝土框架结构，建筑面积720平方米，双坡屋顶，屋架采用钢质三角形桁架的形式。首座受控核聚变实验装置旧址是中国最早、当时亚洲最大的开展受控核聚变研究的实验基地，作为我国受控核聚变研究的发源地，是我国参与国际核聚变研究与交流的重要见证。

（二）历史沿革。2019年10月7日国发【2019】22号，被公布为国家级文物保护单位。

（三）文物构成。包括为主机大厅、中央控制室和辅助大厅。

（四）管理情况。首座受控核聚变实验装置旧址管理机构为成都理工大学工程技术学院。

肖坝崖墓

（一）基本概况。肖坝崖墓位于绿心街道大田社区，北50米处为辜李坝公路。1980年7月7日被公布为省级文物保护单位。保护范围：Ⅰ区至Ⅲ区为猫儿头山东西两侧山体崖壁立面从山脚至上20米，Ⅳ至Ⅶ区为寨子山山冲、苦竹湾、茨竹湾、癞子湾山体崖壁立面由山脚至上20米，Ⅷ区为斧头山南咀崖壁立面由山脚至上20米，Ⅸ区为长友儿山北侧山体立面由山脚至上20米。占地面积9.5公顷。建设控制地带：Ⅰ区至Ⅶ区为东至苦竹湾、茨竹湾、癞子湾山脊，西至猫儿头山西侧山脚西外延10米，南至猫儿头山南侧山脚外延10米，与癞子湾相接。Ⅷ区为东至斧头山南咀东侧山脚外延10米，西至斧头山南咀西侧山脚外延10米，北至斧头山南咀山脊，南至斧头山南咀山脚外延10米。Ⅸ区为东至长友儿山东侧山脚外延10米，西至长友儿山西侧山脚外延10米，北至长友儿山北侧山脚外延10米，南至长友儿山山脊。占地面积26.3公顷。该崖墓群依红砂石崖凿穴，坐东向西，东起马护桥，西至寨子山，北起象鼻嘴，南至斧头山，全长约1.5千米。墓群多为单室、双室墓，由墓道、墓门、甬道、墓室组成；最大者于VIM3内，为前堂七后室，多数凿有建筑图案、瓦当、斗拱、门阙等及动物图。墓群文字题刻丰富，有“元初元年”（VMZ1内）“延熹二年”（IM39内）“永和一年”（IM16内）等。IM16为前堂三后室，无墓道，坐北向南，墓全长24米，享堂长5米、宽9米、高2.2米，瓦当、斗拱装饰门楹，门楣下壁从右至左阴刻文字10竖行共30字，确切可辨者有“永和一年三月一日陈买德……”。左、右室均为平形顶，中室为弧形顶，左室长9米、宽1.9米、高1.8米，凿有双崖棺、灶龛；中室长4米、宽1.1米；右室长19米、宽2米、高1.76米。左侧有两个棺室，右侧一棺室和一耳室，后壁凿一灶龛。现今发现有文字的墓11座，都系依凿阴刻，其中“永和一年”题刻长1.2米、宽0.25米；“延熹二年”题刻长1.7米、宽0.9米；“元初元年”长0.6米、宽1.5米。分为九个区域：IM1—88猫咡头山，ⅢM1—84老爷湾—象鼻嘴—大冲，ⅣM1—100苦竹湾，ⅤM1—82茨竹湾—沙树湾，ⅥM1—30癞子湾，ⅦM1—110寨子山—猫猫山，ⅧM1—103斧头山，

ⅡM1—55和尚山，ⅡM1—100长友儿山—马护桥—凤凰山。墓制种类广，雕刻、题记多。具有较高的历史、艺术价值，为研究汉代社会生活及葬俗、葬制等方面提供了重要的依据。

（二）历史沿革。肖坝崖墓1980年7月7日被公布为省级文物保护单位。

（三）文物构成。墓制种类广，雕刻、题记多。具有较高的历史、艺术价值，为研究汉代社会生活及葬俗、葬制等方面提供了重要的依据。

（四）管理情况。肖坝崖墓无管理机构。

白岩山崖墓

（一）基本概况。白岩山崖墓位于四川省乐山市市中区绿心街道竹公溪社区，东约3千米为嘉州广场。该崖墓群依红砂石崖凿穴，坐西向东。墓群有单室、双室，最大者为前堂五后室，由墓道、墓门、甬道、墓室组成；墓群多数凿有建筑图案瓦当、斗拱、门阙、澡井等动物浮雕图。共有142座墓，分布于西南龙坡湾至东北乐峨公路，全长约1千米的山腰至山脚。M18为前堂双后室，墓道长2.4米、宽9米，墓门为长方形，左门高2.8米、宽2米，右门高2.6米、宽2.6米，享堂及墓室均为平形顶。享堂门楣上凿瓦当、斗拱、羊等图案，享堂长6.8米、宽8米、高3.1米，左室通道长6.6米，后室长12.8米、高2米，右室通道长9米，后室长12.8米、宽1.8米、高2米，墓全长31米。对研究汉代社会生活及葬俗、葬制等方面具有重要的价值。1980年7月7日被公布为省级文物保护单位。保护范围：东至竹公溪公路内侧，南至龙坡湾，西至山脊分水岭，北至小铁道山口。建设控制地带：保护范围向南、西、北外延15米，东至竹公溪河西岸。

（二）历史沿革。白岩山崖墓1980年7月7日被公布为省级文物保护单位。包括白岩山摩崖题刻2处合并公布。

（三）文物构成。该崖墓群依红砂石崖凿穴，坐西向东。墓群有单室、双室，最大者为前堂五后室，由墓道、墓门、甬道、墓室组成；墓群多数凿有建筑图案瓦当、斗拱、门阙、澡井等动物浮雕图。

（四）管理情况。白岩山崖墓管理机构为绿心路管理处。

文庙及老霄顶

（一）基本概况。乐山文庙位于海棠街道黄家山社区，东距海棠广场1000米。该建筑群座西向东，平面呈对称中轴线建筑，建筑面积1089.36平方米。大成殿：建筑面积846.72平方米，重檐歇山式屋顶，琉璃瓦屋面，穿斗式木结构，4穿5柱，梁上施斗48朵，面阔5间30米，进深4间20.7米，通高14.1米，素面台基高1.05米，垂带式踏道5级，抱鼓式柱础直径1.4米，并透雕云龙纹；泮池：半圆形，直径34.5米；棂星门：穿斗细质红砂石结构，面阔5间11米，通高8.5米；圣域：面阔5间10.2米，进深2间7.1米，通高6米；戟门：面阔3间9.35米，进深4间7.2米，通高6.2米；名宦祠：单檐悬山式屋顶，小青瓦屋面，穿斗式梁架4穿5柱，面阔3间12.9米，进深4间7.2米，通高6.7米；乡贤祠：单檐悬山式屋顶，小青瓦屋面，穿斗式梁架4穿5柱，面阔3间15.3米，进深4间9.35米，通高8米；左右庑殿：单檐悬山式屋顶，小青瓦屋面，穿斗式结构，面阔5间24.3米，进深4间9.6米，通高8米；崇文阁、尊经阁：六角攒尖顶，小青瓦屋面，面阔3间12.3米，进深3间9.8米，通高11.2米；崇圣祠：单檐歇山式屋顶，小青瓦屋面，面阔3间12米，进深3间11.1米，通高9米。由此形成了殿阁重重、逐级升高、气势宏伟的壮观景象。具有较高的历史、艺术价值，为研究乐山礼俗制度提供了重要的参考依据。

万景楼位于四川省乐山市市中区泊水街道黄家山社区，东距海棠广场1000米。该建筑坐北向南，建筑面积96.48平方米，重檐歇山式屋顶，小青瓦屋面，面阔3间10.8米，进深3间9.6米，通高8.2米；穿斗木结构，3穿5柱，共有斗拱50朵；素面台基高1米，前檐垂带踏道5级，覆盆式柱础，直径为0.6米。具有较高的历史、艺术价值。

灵官楼位于四川省乐山市市中区泊水街道黄家山社区，东距海棠广场1000米。该建筑坐北向南，建筑面积57.2平方米；单檐歇山式屋顶，小青瓦屋面，面阔3间8.8米，进深3间6.5米，通高5.9米；抬梁式屋架，五架梁，覆盆式柱础，直径为0.55米。屋顶有鸱吻。该建筑建于细质红砂石砌成的门上，门卷高2.83米，宽2.1米，厚7米。具有较高的历史、艺术价值。

老霄顶万寿观位于四川省乐山市市中区泊水街道黄家山社区，东距海棠广场1000米。该建筑坐北向南，建筑面积163.75平方米，木结构重檐歇山式屋顶，小青瓦屋面，面阔3间13.1米，进深3间12.5米，通高9.9米；穿斗抬梁混合式梁架，3穿5柱，共有斗拱50朵；须弥座台基高1.1米；前檐重带踏道5级，覆盆式柱础，直径为0.7米。具有较高的历史、艺术价值。

（二）历史沿革。文化庙及老霄顶1991年4月16日被公布为省级文物保护单位。保护范围：东至月耳塘街，南至文庙建筑围墙延伸至乐山二中操场围墙，西至黄家山车道，北至月耳塘黄家山便道。建设控制地带：保护范围外延7米。

（三）文物构成。文庙及老霄顶由乐山文庙、万景楼、灵官楼和老霄顶万寿观四处合并公布。

（四）管理情况。文庙及老霄顶管理机构为市文物保护研究所。

嘉州古城墙

（一）基本概况。嘉州古城墙位于四川省乐山市市中区海棠街道白塔街社区，西距沫若广场500米。该城墙面积约为21941平方米。城墙是内城墙—圈外城墙半圈的准两重格局，呈不规则的楔形。明代内城墙从南向北依次开门，经会江门起，经拱宸门、高北门，翻黄家山、老霄顶，过高西门、水西门、育贤门、丽正门，东高5.8米、厚3.9米，南高7.1米、厚3.3米，西高4.5米、厚3.1米，北高11.3米、厚2.3米，总长4.08千米。城门、城墙均用长1.3米、1.1米、1米，宽0.45米、0.30米、0.92米，厚0.78米、0.30米、0.46米等不等的红砂石条石砌成，墙垣宽3米。城外有一清代外城墙，从南向北依次开门，经人和门起，到平江门、承宣桥门、兴发街门，过兑阳湾到德胜门止，为清代所建，城门为砖石结构，城墙为红砂石结构，城垛为青砖砌，总长823米。城墙基本完好，丽正门一段清乾隆时曾维修，迎春门至拱宸门一段埋入土中，现存五门。丽正门四门卷交会于穹心一点，是建筑历史上的奇迹。由于乐山特有的地形地势，先民们在修筑乐山古城的时候，没照搬长安、燕京、成都等都城的方正对称格局，而是因地就形，依山取势，高低起伏；沿江构筑，随水进退，逶迤曲折。具有较高的历史、艺术价值。

育贤门码头遗址位于四川省乐山市市中区海棠街道县街社区，北距市政府250米。该码头为大渡河育贤门码头遗址，坐北向南，占地面积805平方米。滨临大渡河，现存码头东长12米、西长8米，由长1.68米、宽0.38米、高0.32米不等的红砂石条石砌成。遗址从岸边至河面高3.74米，从河边到育贤门共15阶台阶，呈扇状。对研究乐山的交通历史有一定的参考价值。

铁牛门码头位于四川省乐山市市中区海棠街道县街社区，北距市政府50米。该码头为大渡河铁牛门码头，坐北向南，占地面积1900平方米。现存码头东长32米、西长26米，由长1.55米、宽0.35米、高0.3米不等的红砂石条石砌成。从岸边至河面高5.69米，从河边到铁牛门共35阶台阶，呈扇状。对研究乐山的交通历史有一定的参考价值。

（二）历史沿革。嘉州古城墙2002年12月27日被公布为省级文物保护单位。保护范围：来薰门、育贤门、丽正门、会江门、拱宸门、承宣桥门、平江门、人和门、兴发街门等城门外延9米；城墙段外延6米。建设控制地带：保护范围外延5米。

（三）文物构成。嘉州古城墙包括育贤门码头遗址和铁牛门码头三处合并公布。

（四）管理情况。嘉州古城墙管理机构为“会江门”由建行乐山分行负责。其余城墙为乐山市住建局。

乐山宋氏祠堂

（一）基本概况。乐山宋氏祠堂位于四川省乐山市市中区水口镇龙窝村村委会西北方位200米（6组），西南15米为大渡河。2007年6月1日被公布为省级文物保护单位。保护范围：建筑占地范围外延5米。占地面积0.375公顷。建设控制地带：保护范围向南、西、北外延95米，东至大渡河西岸。占地面积3.59公顷。修建于清光绪三十年（1904年），坐东北向西南，总占地面积2250平方米，建筑面积约1600平方米，为由戏楼、迴楼、祖堂、寝堂、横堂、穿厅组成的二进四合院，木质结构、素面台基、穿斗式梁架、悬山式屋顶、小青瓦屋面，通高5.8米。其中，戏楼为木结构楼台，歇山式单檐屋顶，穿斗式梁架，3穿2柱，面阔7间23.2米、进深8.7米、通高9.65米。正厅台基，长4.2米、高0.9米，素面；面阔5间19米、进深8.4米、高8.1米。左厢房面阔6间23米、进深10米、高7米；右厢房面阔7间29.4米、进深7.5米、高7米。它是本市最完整的一座戏楼庙宇合一的建筑，具有浓厚的地方特色，具有较高的历史文化和艺术价值。

（二）历史沿革。乐山宋氏祠堂2007年6月1日被公布为省级文物保护单位。

（三）文物构成。为由戏楼、迴楼、祖堂、寝堂、横堂、穿厅组成的二进四合院。

（四）管理情况。乐山宋氏祠堂管理机构为水口镇人民政府。

传统村落

传统村落，又称古村落，指村落形成较早，拥有较丰富的文化与自然资源，具有一定历史、文化、科学、艺术、经济、社会价值，应予以保护的村落。传统村落中蕴藏着丰富的历史信息和文化景观，是中国农耕文明留下的最大遗产。

2012年9月，经传统村落保护和发展专家委员会第一次会议决定，将习惯称谓“古村落”改为“传统村落”，以突出其文明价值及传承的意义。2012年12月19日，住房城乡建设部、文化部、财政部三部门发通知公示中国传统村落名录。

中国传统村落已达到8171个，2012年第一批646个，2013年第二批915个，2014年第三批994个，2016年第四批1598个，2019年第五批2666个，2022年第六批1352个。

传统村落凝聚着中华民族精神，是维系华夏子孙文化认同的纽带。传统村落保留着民族文化的多样性，是繁荣发展民族文化的根基。但随着工业化、城镇化的快速发展，传统村落衰落、消失的现象日益加剧，加强传统村落保护发展刻不容缓。

2012~2022年已开展六批中国传统村落调查推荐工作，四川共396个村落列入中国传统村落名录。2012年开展了第一批中国传统村落调查推荐工作，四川省20个村落列入中国传统村落名录；2013年第二批四川省42个村落列入名录，2014年第三批四川省22个村落列入名录，2016年第四批四川省141个村落列入名录，2019年第五批四川省108个村落列入名录，2022年第六批四川省63个村落列入名录。

2020年甘孜藏族自治州被列为国家级传统村落集中连片保护利用示范市。2022年广元市昭化区、泸州市合江县被列为国家级传统村落集中连片保护利用示范县。

流域的中国传统村落有47个，第一批（3个）马尔康县沙尔宗乡丛恩村、丹巴县梭坡乡莫洛村、石棉县蟹螺藏族乡蟹螺堡子，第二批（5个）马尔康县卓克基镇西索村、石棉县蟹螺藏族乡猛种堡子、石棉县蟹螺藏族乡木耳堡子、汉源县宜东镇天罡村、汉源县清溪乡富民村，第四批（15个）马尔康县松岗镇直波村、马尔康县梭磨乡色尔米村、马尔康县党坝乡尕兰村、马尔康县大藏乡春口村、马尔康县草登乡代基村、壤塘县宗科乡加斯满村、壤塘县吾依乡修卡村、壤塘县茸木达乡茸木达村、壤塘县中壤塘乡壤塘村、丹巴县巴底乡齐鲁村、丹巴县聂呷乡妖枯村、丹巴县梭坡乡宋达村、丹巴县中路乡克格依村、丹巴县中路乡波色龙村、汉源县九襄镇民主村，第五批（22个）金川县集沐乡根扎村、小金县沃日乡官寨村、丹巴县巴底镇小坪村、丹巴县巴底镇大坪村、丹巴县巴底镇沈洛村、丹巴县巴底镇木纳山村、丹巴县巴底镇邛山一村、丹巴县聂呷乡喀咔一村、丹巴县聂呷乡喀咔三村、丹巴县聂呷乡喀咔二村、丹巴县革什扎镇大桑村、丹巴县革什扎镇吉汝村、丹巴县革什扎镇俄洛村、丹巴县革什扎镇三道桥村、丹巴县丹东乡莫斯卡村、色达县翁达镇翁达村、色达县旭日乡旭日村、色达县杨各乡加更达村、色达县歌乐沱乡切科村、石棉县蟹螺藏族乡俄足村、汉源县永利彝族乡古路村、峨眉山市罗目镇青龙社区，第六批（2个）阿坝县茸安乡安坝村、泸定县兴隆镇化林村。

47个中，甘孜藏族自治州23个中国传统村落，阿坝藏族羌族自治州14个中国传统村落，雅安市8个中国传统村落，乐山市2个中国传统村落。

2012~2022年已开展五批四川传统村落调查推荐工作，共2354个村落列入四川传统村落名录。2013年开展了第一批四川传统村落调查推荐工作，120个村落列入四川传统村落名录；2014年83个村落列入四川传统村落名录，2017年第三批666个村落列入，2019年第四批177个村落列入，2022年第五批143个村落列入，2022年12月1165个村落列入。

2021年自贡市富顺县、广元市昭化区、巴中市通江县、阿坝藏族羌族自治州黑水县、甘孜藏族自治州丹巴县被列为四川省传统村落集中连片保护利用县（市、区）。2022年泸州市合江县、绵阳市平武县、南充市阆中市、广安市武胜县、凉山彝族自治州盐源县被列为四川省传统村落集中连片保护利用县（市、区）。

大渡河流域四川传统村落名单

第一批

阿坝州马尔康县沙尔宗乡丛恩村

阿坝州马尔康县卓克基镇西索

阿坝州小金县木坡乡登春村

甘孜州丹巴县梭坡乡莫洛村

雅安市石棉县蟹螺藏族乡蟹螺堡子

雅安市石棉县蟹螺藏族乡木耳堡子

雅安市石棉县蟹螺藏族乡猛种堡子

雅安市汉源县清溪乡富民村

雅安市汉源县宜东镇天罡村

雅安市汉源县九襄镇民主村

第二批

阿坝州小金县日尔乡董马村

阿坝州小金县沃日乡官寨村

甘孜州色达县洛若镇下洛若村

凉山州甘洛县海棠镇东门村

凉山州甘洛县海棠镇海棠村

第三批

阿坝藏族羌族自治州壤塘县茸木达乡茸木达村

阿坝藏族羌族自治州壤塘县吾依乡修卡村
阿坝藏族羌族自治州壤塘县中壤塘乡布康木达村
阿坝藏族羌族自治州壤塘县中壤塘乡壤塘村
阿坝藏族羌族自治州壤塘县宗科乡加斯满村
阿坝藏族羌族自治州阿坝县查理乡神座村
阿坝藏族羌族自治州阿坝县各莫乡俄休村
阿坝藏族羌族自治州阿坝县龙藏乡卡西村
阿坝藏族羌族自治州阿坝县麦昆乡齐卡洛村
阿坝藏族羌族自治州阿坝县哇尔玛乡洞沟村
阿坝藏族羌族自治州阿坝县哇尔玛乡尕休村
阿坝藏族羌族自治州马尔康县草登乡代基村
阿坝藏族羌族自治州马尔康县大藏乡春口村
阿坝藏族羌族自治州马尔康县党坝乡尕兰村
阿坝藏族羌族自治州马尔康县松岗镇直波村
阿坝藏族羌族自治州马尔康县梭磨乡马塘村
阿坝藏族羌族自治州马尔康县梭磨乡色尔米村
阿坝藏族羌族自治州金川县阿科里乡阿科里村
阿坝藏族羌族自治州金川县二嘎里乡四甲壁村
阿坝藏族羌族自治州金川县集沐乡周山村
阿坝藏族羌族自治州金川县卡拉脚乡二普鲁村
阿坝藏族羌族自治州金川县马奈乡耿扎村
阿坝藏族羌族自治州金川县太阳河乡麦地沟
阿坝藏族羌族自治州小金县八角乡太阳村
阿坝藏族羌族自治州小金县抚边乡大坪村
阿坝藏族羌族自治州小金县抚边乡粮台村
阿坝藏族羌族自治州小金县抚边乡墨龙村
阿坝藏族羌族自治州小金县结斯乡木洛村
阿坝藏族羌族自治州小金县结斯乡王家寨村

阿坝藏族羌族自治州小金县两河口镇木城村
阿坝藏族羌族自治州小金县木坡乡登春村
阿坝藏族羌族自治州小金县日尔乡董马村
阿坝藏族羌族自治州小金县新格乡沉水村
甘孜藏族自治州丹巴县聂呷乡妖枯村
甘孜藏族自治州丹巴县梭坡乡泽周村
甘孜藏族自治州丹巴县中路乡基卡依村
甘孜藏族自治州丹巴县中路乡克格依村
甘孜藏族自治州丹巴县巴底乡齐鲁村
甘孜藏族自治州丹巴县梭坡乡共布村
甘孜藏族自治州丹巴县梭坡乡宋达村
甘孜藏族自治州丹巴县梭坡乡左比村
甘孜藏族自治州丹巴县中路乡波色龙村
甘孜藏族自治州丹巴县中路乡呷任依村
甘孜藏族自治州丹巴县中路乡折龙村
甘孜藏族自治州康定市雅拉乡中古村
甘孜藏族自治州泸定县岚安乡昂州村
甘孜藏族自治州泸定县岚安乡脚乌村
甘孜藏族自治州泸定县磨西镇蔡阳坪村
甘孜藏族自治州色达县大章乡嘎志玛
甘孜藏族自治州色达县甲学乡呷各村
雅安市石棉县蟹螺乡俄足堡子
雅安市汉源县九襄镇民主村
雅安市汉源县永利彝族乡古路村

第四批

甘孜藏族自治州丹巴县巴底镇木兰村

甘孜藏族自治州丹巴县巴底镇邛山二村
甘孜藏族自治州丹巴县巴底镇小坪村
甘孜藏族自治州丹巴县巴旺乡燕尔岩
甘孜藏族自治州丹巴县边耳乡牙科村
甘孜藏族自治州丹巴县东谷乡东马村
甘孜藏族自治州丹巴县东谷乡井备村
甘孜藏族自治州丹巴县革什扎镇洛尔村
甘孜藏族自治州丹巴县革什扎镇卓斯尼村
甘孜藏族自治州丹巴县格宗乡格宗村
甘孜藏族自治州丹巴县聂呷乡敖日村
甘孜藏族自治州丹巴县水子乡水子二村
甘孜藏族自治州丹巴县太平桥乡上宅龙村
甘孜藏族自治州丹巴县岳扎乡科尔金村
甘孜藏族自治州丹巴县岳扎乡斯交村
康定市麦崩乡日央村
甘孜藏族自治州康定市孔玉乡色龙村
甘孜藏族自治州康定市时济乡若吉村
孜藏族自治州康定市榆林街道办折多塘村
甘孜藏族自治州康定市榆林街道办南无村
甘孜藏族自治州泸定县兴隆镇化林村
乐山市沐川县富和乡蓝林村
凉山彝族自治州越西县中所镇陶家营村
色达县色达县歌乐沱乡雅洛村

第五批

阿坝县	各莫镇	甲尔多村
阿坝县	麦昆乡	蚕木扎村
阿坝县	麦昆乡	日格扎村
阿坝县	茸安乡	安坝村
阿坝县	河支镇	日进贡村
阿坝县	安斗乡	派克村
马尔康市	沙尔宗镇	哈休村
马尔康市	松岗镇	松岗村
小金县	四姑娘山镇	双碉村
丹巴县	墨尔多山镇	罕额依村
石棉县	蟹螺乡	大湾村
汉源县	河南乡	平等村
市中区	水口镇	龙窝村
市中区	苏稽镇	程　村
沙湾区	轸溪镇	寨子村
沐川县	永福镇	双河村
沐川县	利店镇	隆兴村
峨眉山市	罗目镇	青龙社区
峨眉山市	双福镇	普兴村
沐川县	箭板镇	马湖社区顺河古街
沐川县	底堡乡	五显村
沐川县	大楠镇	炭库社区
沐川县	富新镇	蓝林村
沐川县	永福镇	双河村
沐川县	利店镇	隆兴村

2022年12月

市中区	苏稽镇	程村
市中区	水口镇	龙窝村
沙湾区	轸溪镇	寨子村
金口河区	永胜乡	民主村
汉源县	清溪镇	富民村
汉源县	宜东镇	天罡村
汉源县	九襄镇	民主村
汉源县	永利彝族乡	古路村
汉源县	河南乡	平等村
石棉县	蟹螺藏族乡	江坝村蟹螺堡子
石棉县	蟹螺藏族乡	猛种村木耳堡子
石棉县	蟹螺藏族乡	猛种村猛种堡子
石棉县	蟹螺藏族乡	猛种村俄足堡子
石棉县	蟹螺藏族乡	大湾村银锭虎堡子
阿坝县	查理乡	神座村
阿坝县	各莫镇	俄修村
阿坝县	各莫镇	甲尔多村
阿坝县	龙藏乡	卡西村
阿坝县	麦昆乡	齐卡洛村
阿坝县	麦昆乡	蚕木扎村
阿坝县	麦昆乡	日格扎村
阿坝县	阿坝镇	洞沟村
阿坝县	阿坝镇	尕休村
阿坝县	茸安乡	安坝村
阿坝县	河支镇	日进贡村

续表

阿坝县	安斗乡	派克村
金川县	阿科里乡	阿科里村
金川县	二嘎里乡	四甲壁村
金川县	集沐乡	周山村
金川县	卡拉脚乡	二普鲁村
金川县	马奈镇	马奈村
金川县	观音桥镇	麦地沟村
金川县	俄热乡	二楷村
马尔康市	沙尔宗镇	丛恩村
马尔康市	沙尔宗镇	哈休村
马尔康市	马尔康镇	西索村
马尔康市	草登乡	代基村
马尔康市	大藏乡	春口村
马尔康市	党坝乡	尕兰村
马尔康市	松岗镇	直波村
马尔康市	松岗镇	松岗村
马尔康市	梭磨乡	马塘村
马尔康市	梭磨乡	色尔米村
壤塘县	茸木达乡	茸木达村
壤塘县	吾依乡	修卡村
壤塘县	中壤塘镇	布康木达村
壤塘县	中壤塘镇	壤塘村
壤塘县	宗科乡	加斯满村
小金县	木坡乡	登春村
小金县	日尔乡	董马村
小金县	沃日镇	官寨村

续表

小金县	八角镇	太阳村
小金县	抚边乡	大坪村
小金县	抚边乡	粮台村
小金县	抚边乡	墨龙村
小金县	结斯乡	木洛村
小金县	结斯乡	王家寨村
小金县	两河口镇	木城村
小金县	宅垄镇	沉水村
小金县	四姑娘山镇	双碉村
丹巴县	梭坡乡	莫洛村
丹巴县	聂呷乡	幺姑村
丹巴县	梭坡乡	泽周村
丹巴县	墨尔多山镇	基卡依村
丹巴县	墨尔多山镇	克格依村
丹巴县	巴底镇	齐鲁村
丹巴县	梭坡乡	共布村
丹巴县	梭坡乡	泽公村
丹巴县	梭坡乡	左比村
丹巴县	墨尔多山镇	波色龙村
丹巴县	墨尔多山镇	呷仁依村
丹巴县	墨尔多山镇	岭垄村
丹巴县	巴底镇	木兰村
丹巴县	巴底镇	二基坪村小坪组
丹巴县	巴旺乡	燕尔岩村
丹巴县	丹东镇	牙科村
丹巴县	东谷镇	东马村

续表

丹巴县	东谷镇	井备村
丹巴县	革什扎镇	洛尔村
丹巴县	革什扎镇	卓斯尼村
丹巴县	格宗镇	格宗村
丹巴县	章谷镇	水子二村
丹巴县	太平桥乡	上宅龙村
丹巴县	墨尔多山镇	科尔金村
丹巴县	墨尔多山镇	斯交村
丹巴县	巴底镇	邛山村
丹巴县	巴底镇	二基坪村大坪组
丹巴县	巴底镇	沈洛村
丹巴县	巴底镇	木纳山村
丹巴县	革什扎镇	大桑村
丹巴县	革什扎镇	吉汝村
丹巴县	革什扎镇	俄洛村
丹巴县	革什扎镇	三道桥村
丹巴县	聂呷乡	喀咔村一组
丹巴县	聂呷乡	喀咔村三组
丹巴县	聂呷乡	喀咔村二组
丹巴县	丹东镇	莫斯卡村
丹巴县	墨尔多山镇	罕额依村
康定市	麦崩乡	日央村
康定市	孔玉乡	色龙村
康定市	姑咱镇	若吉村
康定市	榆林街道办事处	南无村
泸定县	岚安乡	昂州村

续表

泸定县	岚安乡	脚乌村
泸定县	兴隆镇	化林村
色达县	落若镇	下洛若村
色达县	大章乡	嘎志玛一村
色达县	甲学镇	甲学村
色达县	甲学镇	雅洛村
色达县	翁达镇	翁达村
色达县	旭日乡	旭日村
色达县	杨各乡	加更达村
色达县	甲学镇	切科村
甘洛县	海棠镇	海棠村2组
越西县	中所镇	陶家营村

名县名镇名村

天府旅游名县名镇名村

2019年4月，《关于命名首批天府旅游名县的决定》指出，按照天府旅游名县建设部署要求，经申报推荐、竞争评选、考核认定、社会公示，四川省委、省政府决定，命名成都市青羊区、都江堰市、剑阁县、峨眉山市、阆中市、长宁县、广安市广安区、汶川县、稻城县、西昌市10个县（市、区）为首批天府旅游名县；成都市锦江区、武侯区、成华区、温江区、郫都区、邛崃市、崇州市、大邑县，自贡市大安区，攀枝花市米易县，德阳市广汉市、绵竹市，绵阳市北川县，广元市朝天区、青川县，遂宁市大英县，南充市仪陇县，宜宾市翠屏区、兴文县，达州市宣汉县，巴中市南江县，雅安市雨城区，眉山市东坡区、洪雅县，阿坝州理县、茂县、松潘县、九寨沟县，甘孜州康定市、丹巴县成为首批30个天府旅游名县候选县。

2020年9月，命名成都市武侯区、米易县、北川县、仪陇县、宣汉县、南江县、雅安市雨城区、洪雅县、理县、康定市为第二批十大天府旅游名县；候选县是成都市金牛区、双流区、新津区，泸州市江阳区、纳溪区，绵阳市江油市，内江市隆昌市，乐山市市中区，巴中市通江县，雅安市名山区，甘孜州泸定县。

2021年9月，命名成都市成华区、邛崃市、大邑县，自贡市大安区，泸州市江阳区，德阳市广汉市，绵阳市江油市，广元市朝天区，遂宁市大英县，乐山市市中区，阿坝州九寨沟县为第三批天府旅游名县；候选县是成都市龙泉驿区、彭州市、金堂县，泸州市古蔺县，广元市昭化区，遂宁市船山区，内江市威远县，乐山市犍为县，南充市高坪区、蓬安县，达州市万源市，巴中市平昌县，雅安市荥经县，阿坝州小金县，甘孜州泸定县、理塘县，凉山州冕宁县、会理县。

第四批天府旅游名县是成都市锦江区、绵竹市、泸州市纳溪区、通江县、青川县、宜宾市翠屏区、隆昌市、眉山市东坡区。候选县是遂宁市船山区、蒲江县、宝兴县、广元市利州区、渠县、仁寿县、安岳县、成都市新都区、华蓥市、绵阳市安州区、射洪市、南充市顺庆区，荣县、盐边县、合江县、什邡市、内江市东兴区、夹江县、宜宾市叙州区、巴中市恩阳区、若尔盖县、雅江县、盐源县。

大渡河流域的甘孜州康定市，乐山市峨眉山市、市中区3个是天府旅游名县，阿坝州小金县，甘孜州丹巴县、泸定县是3个候选县。

2021年9月，公布的首批天府旅游名镇是成都市龙泉驿区洛带镇，绵阳市梓潼县“两弹城”，广元市朝天区曾家镇，南充市阆中市天宫镇，宜宾市长宁县双河镇，广安市武胜县飞龙镇，眉山市洪雅县七里坪镇，阿坝州小金县四姑娘山镇，甘孜州丹巴县甲居镇，凉山州西昌市东城文旅镇。

原四川省文化旅游特色小镇更名为天府旅游名镇，第一批（2019年）是成都市邛崃市平乐镇、崇州市街子镇、大邑县安仁镇，自贡市沿滩区仙市镇，泸州市合江县尧坝镇、古蔺县太平镇，德阳市罗江区白马关镇，绵阳市江油市青莲镇，广元市昭化区昭化镇，遂宁市船山区龙凤镇，内江市隆昌市南关石牌坊古镇，乐山市犍为县罗城镇，宜宾市翠屏区李庄镇，巴中市恩阳区恩阳古镇，雅安市雨城区上里镇，眉山市洪雅县柳江镇，资阳市乐至县劳动镇，阿坝州汶川县水磨镇，甘孜州道孚县八美镇，凉山州会理市会理古城；第二批（2020年）是成都市双流区黄龙溪古镇、都江堰市灌县古城、彭州市白鹿镇，攀枝花市米易县新山傈僳族乡，泸州市合江县福宝镇，德阳市绵竹市孝德镇，广元市苍溪县黄猫娅镇、青川县青溪古城，内江市东兴区范长江文旅镇，乐山市市中区苏稽镇，南充市蓬安县周子古镇，宜宾市叙州区横江镇，广安市武胜县宝箴塞镇，巴中市平昌县白衣古镇，雅安市石棉县安顺场镇，资阳市安岳县圆觉洞文旅镇，阿坝州松潘县川主寺镇、九寨沟县漳扎镇，甘孜州泸定县磨西镇，凉山州盐源县泸沽湖镇。

2022年9月，公布的第二批天府旅游名镇是成都市金堂县五凤镇，泸州市纳溪区大渡口镇，德阳市绵竹市清平镇，绵阳市安州区桑枣镇，宜宾市高县来复镇，广安市广安区协兴镇，达州市宣汉县渡口土家族乡，巴中市南江县光雾山镇，雅安市雨城区碧峰峡镇，甘孜州稻城县香格里拉镇。

2021年9月，公布的首批天府旅游名村是成都市锦江区红砂村、郫都区战旗村、彭州市宝山村、崇州市竹艺村、蒲江县明月村，自贡市沿滩区百胜村，攀枝花市仁和区迤沙拉村，泸州市纳溪区民强村，德阳市绵竹市年画村，绵阳市安州区齐心村，广元市利州区月坝村、青川县阴平村，遂宁市大英县为干屏村，内江市市中区尚腾新村，乐山市峨边县底底古村，南充市高坪区江陵坝村，宜宾市翠屏区高桥村、高县大屋村，广安市岳池县郑家村，达州市宣汉县大窝村，巴中市通江县王坪村，雅安市石棉县安顺村，眉山市洪雅县红星村、丹棱县幸福村，资阳市乐至县旧居村，阿坝州理县桃坪村、茂县坪头村，甘孜州康定市若吉村、稻城县亚丁村，凉山州德昌县角半村。

2022年9月，公布的第二批天府旅游名村是成都市龙泉驿区桃源村、都江堰市泰安村、彭州市渔江楠村，自贡市自流井区尖山村，攀枝花市盐边县昔格达村，泸州市合江县白村，德阳市广汉市友谊村，绵阳市北川县石椅村，广元市昭化区城关村，遂宁市安居区海龙村，内江市隆昌市古宇村，乐山市金口河区胜利村、夹江县石堰村，南充市阆中市五龙村、南部县纯阳山村，宜宾市长宁县永江村、筠连县春风村，广安市武胜县高洞村，达州市万源市龙潭河村，巴中市南江县西厢村，雅安市荥经县发展村、汉源县三强村，眉山市青神县兰沟村，资阳市雁江区晏家坝村，阿坝州松潘县上磨村、黑水县羊茸村，甘孜州康定市色龙村、理塘县汉戈村，凉山州西昌市长板桥村、宁南县拉落村。

大渡河流域的天府旅游名镇是小金县四姑娘山镇、丹巴县甲居镇、泸定县磨西镇、石棉县安顺场镇、乐山市市中区苏稽镇。

天府旅游名村是康定市若吉村、康定市色龙村、石棉县安顺村、汉源县三强村、金口河区胜利村、峨边县底底古村。

历史文化名镇名村

中国历史文化名镇名村，是由建设部和国家文物局从2003年起共同组织评选的，保存文物特别丰富，且具有重大历史价值或纪念意义的，能较完整地反映一些历史时期传统风貌和地方民族特色的镇。

2003~2019年已开展七批中国历史文化名镇评选工作，评选名镇312个，四川有31个镇被评为中国历史文化名镇。2005年，成都市邛崃市平乐镇、成都市大邑县安仁镇、南充市阆中市老观镇、宜宾市翠屏区李庄镇入选第二批中国历史文化名镇。2007年，成都市双流县黄龙溪镇、自贡市沿滩区仙市镇、泸州市合江县尧坝镇、泸州市古蔺县太平镇入选第三批中国历史文化名镇。2008年，巴中市巴州区恩阳镇、成都市龙泉驿区洛带镇、成都市大邑县新场镇、广元市元坝区昭化镇、泸州市合江县福宝镇、内江市资中县罗泉镇入选第四批中国历史文化名镇。2010年，宜宾市屏山县龙华镇、自贡市富顺县赵化镇、乐山市犍为县清溪镇入选第五批中国历史文化名镇。2014年，自贡市贡井区艾叶镇、自贡市大安区牛佛镇、巴中市平昌县白衣镇、泸州市古蔺县二郎镇、成都市金堂县五凤镇、宜宾市宜宾县横江镇、内江市隆昌县云顶镇入选第六批中国历史文化名镇。2019年，成都市崇州市元通镇、自贡市大安区三多寨镇、绵阳市三台县郪江镇、眉山市洪雅县柳江镇、达州市达川区石桥镇、雅安市雨城区上里镇、巴中市通江县毛浴镇入选第七批中国历史文化名镇。

已经开展七批中国历史文化名村评选工作，评选名村487个，四川6个村被评为中国历史文化名村。2005年，甘孜藏族自治州丹巴县梭坡乡莫洛村、攀枝花市仁和区平地镇迤沙拉村入选第二批中国历史文化名村；2008年，绵阳市汶川县雁门乡萝卜寨村入选第四批第二批中国历史文化名村；

2010年，南充市阆中市天宫乡天宫院村入选第五批第二批中国历史文化名村；2014年，泸州市泸县兆雅镇新溪村、泸州市纳溪区天仙镇乐道街村入选第六批第二批中国历史文化名村。

1992年至今，共26个镇被评为省级历史文化名镇。成都市新都县新繁镇、成都市青白江区城厢镇、成都市邛崃市茶园乡、成都市崇州市街子镇、成都市崇州市怀远镇、成都市蒲江县西来镇、成都市邛崃市火井镇、泸州市泸县立石镇、达州市大竹县清河镇、眉山市洪雅县高庙镇、眉山市彭山县江口镇、雅安市石棉县安顺场镇、宜宾市长宁县双河镇、宜宾市江安县夕佳镇、广元市旺苍县木门镇、乐山市犍为县罗城镇、乐山市峨眉山市罗目镇、内江市资中县铁佛镇、绵阳市江油市青莲镇、绵阳市三台县西平镇、自贡市富顺县狮市镇、德阳市旌阳区孝泉镇、阿坝藏族羌族自治州理县薛城镇、阿坝藏族羌族自治州汶川县水磨镇、甘孜藏族自治州德格县更庆镇、凉山彝族自治州西昌市礼州镇先后入选省级历史文化名镇。

2005年至今，共9个村被评为省级历史文化名村。成都市邛崃市平乐镇花楸村、泸州市泸县方洞镇石牌坊村、南充市阆中市水观镇永安寺村、眉山市东坡区尚义镇中心村、巴中市巴州区回风街道办事处大佛寺村、巴中市巴州区水宁寺镇始宁村、阿坝藏族羌族自治州茂县黑虎乡小河坝村、阿坝藏族羌族自治州理县桃坪乡桃坪羌寨、阿坝藏族羌族自治州小金县两河乡两河村先后入选省级历史文化名村。

大渡河流域的中国历史文化名镇名村有丹巴县梭坡乡莫洛村，省级历史文化名镇名村有石棉县安顺场镇、峨眉山市罗目镇、小金县两河乡两河村。

文化名人

大渡河流域人才辈出，这里重点介绍最具有代表性的两位人物郭沫若和阿来。

郭沫若生平概述

郭沫若（1892年11月16日~1978年6月12日），本名郭开贞，号尚武，乳名文豹，笔名除郭沫若外，还有麦克昂、郭鼎堂、石沱、高汝鸿、羊易之等。中国马克思主义历史学家和古文字学家，杰出的作家、诗人和戏剧家，革命的思想家、政治家和著名的社会活动家，百科全书式的文化巨匠。

早年留学日本，在九州帝国大学医学部获得医学学士学位。1921年组织创造社，出版《女神》。《女神》是中国第一部成熟的新诗集。1924年翻译河上肇《社会组织与社会革命》，逐步转变为马克思主义者。1926年参加北伐，先后担任北伐军总政治部宣传科长、副主任。1927年3月30日，在朱德寓所写下《请看今日之蒋介石》。8月参加南昌起义，任宣传委员会主席、总政治部主任，加入中国共产党。1928年2月，为躲避国民党政府缉捕，经周恩来同意，在中共地下党掩护下离开上海赴日本。定居千叶县市川市，行动受宪警监视。在流亡日本十年期间，出版了《中国古代社会研究》《甲骨文字研究》《卜辞通纂》《金文丛考》《两周金文辞大系图录》《两周金文辞大系考释》等著作，成为中国马克思主义史学派的领军人物。全面抗战爆发后回到上海，创办《救亡日报》，后在武汉、重庆担任国民政府军事委员会政治部第三厅厅长，1940年改任文化工作委员会主任，在国统区积极宣传进步文化，宣传团结抗战。1941~1943年间，完成《棠棣之花》《屈原》《虎符》等六部历史剧，代表了中国现代历史剧创作的最高成就。1944年发表《甲申三百年祭》，被中共中央定为整风文献。1945年出版《青铜时代》《十批判书》。1946年参加旧政协会议，参与国共谈判。1947年由沪赴港。1948年底北上，筹备新政协会议。1949年4月，率中国代表团参加世界拥护和平大会的布拉格会议，并被选为大会主席团成员。同年8月，在全国文学艺术工作者代表大会上，被选为全国文联主席。中华人民共和国成立后，郭沫若继续从事文史研究和文学创作，同时担负着国家事务、科学文化教育和国际交往等方面的领导工作，曾担任中央人民政府委员、政务院副总理兼文化教育委员会主任、中国科学院院长，中国科学院哲学社会科学部主任、历史研究所第一所所长、中国科学技术大学校长，中国文学艺术界联合会第二、三届主席，中国人民保卫世界和平委员会主席、中日友好协会名誉会长等重要职务。在中国共产党第九届（1969）、十届（1973）、十一届（1977）代表大会上，当选为中央委员。在第一至第五届全国人民代表大会上，均被选为常务委员会副委员长。历任全国政协第一、二、三、五届副主席。

1. 人物经历

1892年11月16日，出生于四川省嘉定府乐山县沙湾镇一个地主兼营商业的家庭。

1897年，在家塾“绥山山馆”读书，师从沈焕章，习读《诗经》《唐诗三百首》等传统经典的同时，接触了一些新学知识，这对他的艺术观的形成、以及诗歌创作、文化理念都产生了影响。1901年，家塾采用上海编印的新式教科书授课。

1906年春，入乐山县高等小学学习，第一学期成绩名列第一，开始接受民主思想。

1907年春，因反对教师专制，被学校开除，经斡旋返校；夏，升入乐山县中学堂，大量阅读林琴南的译述小说。

1909年秋，因参加罢课，请求校方与当地政府交出惩办打伤同学的肇事者，被学校开除。

1910年春，进省城成都，插入四川官立高等分设中学堂；冬，参加成都学界要求早开国会的罢课风潮，任班级代表，受到处分。

1911年，清帝退位后，回乡组织民团响应辛亥革命。

1913年春，考入成都四川省高等学校正科二部九班；夏，被天津陆军军医学校录取，未就学；年底，在大哥郭开文的资助下赴日本留学。

1914年7月，考入东京第一高等学校特设预科三部。

1915年秋，入冈山第六高等学校第三部医科。

1918年，参加留日学生罢课，抵制签订《二十一条》；夏，升入九州帝国大学医科大学（不久更名为医学部）。留学期间，开始接触泰戈尔、歌德、莎士比亚、惠特曼等外国作家的作品。

1919年夏，与留日同学响应五四运动，组织抵日爱国社团夏社，并创作小说《牧羊哀话》；同年，创作诗歌《抱和儿浴博多湾中》《凤凰涅槃》《地球，我的母亲！》《炉中煤》等，在上海《时事新报》副刊《学灯》上发表，引起中国诗坛关注。

1920年，与田汉、宗白华的通信辑为《三叶集》出版；同年，完成译作歌德《浮士德》第一部，因译稿被老鼠咬毁未能出版。

1921年6月，与成仿吾、郁达夫等人一同创立创造社；8月，第一本新诗集《女神》由上海泰东图书局出版，这是中国第一部成熟的新诗集。

1922年5月，主持创办的《创造》季刊问世；同年，译著歌德《少年维特之烦恼》出版。

1923年春，自九州帝国大学医学部毕业，获医学学士学位；同年，《星空》《卷耳集》等著作出版；参与编辑的《创造周报》《创造日》出版。

1924年春，赴日本，在福冈翻译河上肇《社会组织与社会革命》、屠格涅夫长篇小说《新时代》，对马克思主义理论有了系统了解，从此逐步确立马克思主义世界观；冬，归国调查江苏、浙江军阀战祸。

1925年，历史剧《聂嫈》、论著《文艺论集》出版；组诗《瓶》发表。

1926年，《塔》《落叶》《三个叛逆的女性》《橄榄》等小说戏剧作品出版。3月，应邀赴广州就任广东大学文科学长，结识了一批中国共产党的早期领导人；7月，随国民革命军北伐，先后任北伐军总政治部宣传科长、副主任。

1927年，任黄埔军校武汉分校政治教官。“四一二”事变前夕，撰写《请看今日之蒋介石》，揭露了蒋介石“背叛国家，背叛民众，背叛革命”的行径，在人民群众中产生影响，因此受到通缉；8月，参加南昌起义，撤退途中由周恩来、李一氓介绍加入中国共产党。

1928年2月，为躲避国民党政府缉捕，经周恩来同意，在中共地下党掩护下离开上海赴日本。定居千叶县市川市，行动受日本宪警监视；同年，《恢复》《前茅》《沫若诗集》等诗歌集和《浮士德（第一部）》《石炭王》等翻译作品出版。

1929年，《我的幼年》《反正前后》等自传作品出版，《美术考古学发现史》《屠场》等翻译作品出版。

1930年3月，中国左翼作家联盟在上海成立，将《少年维特之烦恼》版税捐给“左联”作基金；《中国古代社会研究》出版，这是中国马克思主义史学的开山之作；同年，所译辛克莱长篇小说《煤油》出版。

1931年，《甲骨文字研究》《殷周青铜器铭文研究》《文艺论集续集》《黑猫》《划时代的转变》出版；译著《战争与和平》（第一分册上）出版。

1932年，《两周金文辞大系》《金文丛考》《创造十年》《金文余释之余》出版。

1933年，《卜辞通纂》《古代铭刻汇考》，译作《政治经济学批判》出版。

1934年，《古代铭刻汇考续编》出版。译著《生命之科学》第一册出版。

1935年，《两周金文辞大系图录》《两周金文辞大系考释》《屈原》出版，参加左联东京分盟的活动。

1936年，《离沪之前》《豕蹄》出版，《隋唐燕乐调研究》《华伦斯太》等译著出版。

1937年，写作《创造十年续编》，《殷契粹编》出版；7月，抗日战争全面爆发，归国参加抗战；8月，主办上海文化界救亡协会机关报《救亡日报》；组织战地服务团赴前线劳军；11月27日，因上海失守而离开上海，到香港、广州活动。

1938年1月，抵武汉，组建国民政府军委会政治部第三厅，4月就任厅长，开展抗日宣传、国防动员、敌情研究；同年，当选中华全国文艺界抗敌协会理事。

1939年，率国民政府军事委员会政治部第三厅撤退至重庆；论著《石鼓文研究》出版。

1940年，辞去三厅厅长，改任文化工作委员会主任。

1941年11月，文化界庆祝其五十寿辰暨创作生活二十五周年；12月，完成历史剧《棠棣之花》。

1942年1月，完成历史剧《屈原》；2月，完成历史剧《虎符》；同年，完成历史剧《高渐离》《孔雀胆》与译著《赫曼与窦绿苔》；同年，创办群益出版社并主编学术刊物《中原》。

1943年，完成历史剧《南冠草》。

1944年春，完成论著《甲申三百年祭》，被中共中央定为整风学习文件。

1945年，草拟《文化界时局进言》，呼吁民主政治；同年，赴苏联访问；论著《青铜时代》《十批判书》出版。

1946年1月，出席政治协商会议；夏，离重庆抵上海；赴南京参加国共和谈；同年，《苏联纪行》《南京印象》等出版。

1947年，出版著作《少年时代》《革命春秋》《历史人物》《天地玄黄》《今昔蒲剑》《沸羹集》《地下的笑声》，译著《浮士德》（第二部）；11月，由沪赴港。

1948年，完成长篇自传体散文《抗战回忆录》（后改名《洪波曲》）；年末，赴东北解放区，筹备新政协会议；同年，因考古学领域的成就，当选为第一届中央研究院院士。

1949年3月，率中国代表团出席世界拥护和平大会布拉格会议；建国前夕，当选中华全国文学艺术工作者联合会主席、中国人民政治协商会议副主席；10月2日，任中国保卫世界和平大会委员会主席；10月19日，任政务院副总理兼文化教育委员会主任、中国科学院院长。

1950年3月，当选中国民间文艺研究会理事长；5月，任学术名词统一工作委员会主任；8月，率中国代表团访问朝鲜；11月，出席在华沙召开的第二届世界保卫和平大会。

1951年2月，出席在柏林召开的世界和平理事会会议；11月，出席在维也纳召开的世界和平理事会会议；12月，获“加强国际和平”斯大林国际奖。

1952年3月，出席在奥斯陆召开的世界和平理事会执行局会议；7月，出席在柏林召开的世界和平理事会特别会议；10月，出席在北京召开的亚洲及太平洋区域和平会议；12月，出席在维也纳举行的世界人民和平大会；本年，论著《奴隶制时代》出版。

1953年，完成《屈原赋今译》；5月，出席在斯德哥尔摩举行的世界和平理事会常务委员会；6月，出席在布达佩斯举行的世界和平理事会会议；同月，当选第二届中国文联主席、匈牙利科学院名誉院士。

1954年5月，出席在柏林举行的世界和平理事会特别会议；当选为波兰科学院院士；6月，出席在斯德哥尔摩举行的世界和平理事会缓和国际局势会议；9月，当选全国人民代表大会常务委员会副委员长。

1955年1月，出席在维也纳召开的世界和平理事会常务委员会扩大会议；4月，出席在新德里召开的亚洲国家会议；

6月，当选中国科学院学部委员，任哲学社会科学学部主任；出席在赫尔辛基召开的世界和平大会；7月，任国务院汉字简化方案审订委员会副主任；冬，率中国科学代表团访问日本。

1956年，任国务院科学规划委员会副主任、中央推广普通话工作委员会副主任；《管子集校》出版。

1957年，17卷本文集《沫若文集》开始出版；6月，出席在科伦坡召开的世界和平理事会；11月，参加毛泽东率领的中国代表团前往苏联参加十月社会主义革命四十周年庆祝典礼；12月，赴埃及出席亚非团结大会。

1958年9月，率中国代表团访问朝鲜；10月，任中国科学技术大学校长；同年，被选为苏联科学院院士。

1959年2月，完成历史剧《蔡文姬》。

1960年1月，完成历史剧《武则天》初稿，该书1962年10月修改完毕出版；8月，当选第三届中国文联主席。

1961年1月，率中国代表团访问古巴；论著《文史论集》出版；7月，完成《再生缘》的校订工作；8月，率团访问印度尼西亚、缅甸。

1962年，作论著《读〈随园诗话〉札记》、电影文学剧本《郑成功》。

1963年，诗集《东风集》《蜀道奇》出版；10月，任中日友好协会名誉会长。

1964年7月，率中国代表团访问越南；同年，论著《日本的汉字改革和文字机械化》出版。

1966年6月，率中国代表团出席在北京召开的亚非作家紧急会议。

1968年，参与组织发掘河北满城汉墓；翻译英美抒情短诗50首。

1969年，完成论著《李白与杜甫》；同年，当选第九届中共中央委员。

1970年2月，以中国特使身份赴尼泊尔；访问巴基斯坦；9月，以中国特使身份赴开罗参加纳塞尔葬礼。

1971年，给周恩来写信，提议恢复因“文革”而停刊的《考古学报》《文物》《考古》3种学术刊物。

1972年，《甲骨文合集》恢复编辑工作，任主编；同年，当选第十届中共中央委员。

1973年，论著《出土文物二三事》出版。

1977年，诗集《沫若诗词选》出版。

1978年春，抱病出席全国科学大会开幕式；同年，《沫若剧作选》出版；6月12日，因患大叶性肺炎长期医治无效，在北京逝世，遵照生前意愿，遗体供医学解剖后火化，骨灰作为肥料撒在大寨肥田。

2. 主要作品

著作

<table>
<tr><th>名称</th><th>时间</th><th>体裁</th><th>出版社</th></tr>
<tr><td>《三叶集》（与宗白华、田汉合著）</td><td>1920</td><td>书信集</td><td>亚东出版社</td></tr>
<tr><td>《女神》</td><td>1921</td><td>诗集</td><td>泰东图书局</td></tr>
<tr><td>《星空》</td><td rowspan="2">1923</td><td rowspan="2">诗歌戏曲散文集</td><td rowspan="2">泰东图书局</td></tr>
<tr><td>《卷耳集》</td></tr>
<tr><td>《聂嫈》</td><td rowspan="3">1925</td><td>历史剧</td><td rowspan="3">光华书局</td></tr>
<tr><td>《文艺论集》</td><td>论著</td></tr>
<tr><td>《瓶》</td><td>诗歌</td></tr>
<tr><td>《塔》</td><td rowspan="4">1926</td><td rowspan="2">小说、戏剧集</td><td>商务印书馆</td></tr>
<tr><td>《落叶》</td><td>创造社出版部</td></tr>
<tr><td>《三个叛逆的女性》</td><td>戏剧集</td><td>光华书局</td></tr>
<tr><td>《西洋美术史提要》</td><td>论著</td><td>商务印书馆</td></tr>
<tr><td>《橄榄》</td><td></td><td>小说、散文集</td><td>创造社出版部</td></tr>
<tr><td>《瓶》</td><td rowspan="2">1927</td><td>诗集</td><td>创造社出版部</td></tr>
<tr><td>《请看今日之蒋介石》</td><td>杂文</td><td></td></tr>
<tr><td>《前茅》</td><td rowspan="3">1928</td><td rowspan="2">诗集</td><td rowspan="3">创造社出版部</td></tr>
<tr><td>《恢复》</td></tr>
<tr><td>《水平线下》</td><td>小说、散文集</td></tr>
</table>

续表

<table>
<tr><th>名称</th><th>时间</th><th>体裁</th><th>出版社</th></tr>
<tr><td>《我的幼年》</td><td rowspan="4">1929</td><td rowspan="2">自传</td><td>光华书局</td></tr>
<tr><td>《反正前后》</td><td>现代书局</td></tr>
<tr><td>《漂流三部曲》</td><td rowspan="2">小说、戏剧集</td><td rowspan="2">新兴书店</td></tr>
<tr><td>《山中杂记及其他》</td></tr>
<tr><td>《女神及叛逆的女性》</td><td rowspan="3">1930</td><td>小说、戏剧集</td><td>新兴书店</td></tr>
<tr><td>《后悔》</td><td>小说、戏曲集</td><td>光华书局</td></tr>
<tr><td>《中国古代社会研究》</td><td rowspan="4">论著</td><td>联合书店</td></tr>
<tr><td>《甲骨文字研究》</td><td rowspan="5">1931</td><td>大东书局</td></tr>
<tr><td>《文艺论集续集》</td><td>光华书局</td></tr>
<tr><td>《殷周青铜器铭文研究》</td><td>大东书局</td></tr>
<tr><td>《划时代的转变》</td><td rowspan="2">自传</td><td>现代书局</td></tr>
<tr><td>《黑猫》</td><td>现代书局</td></tr>
<tr><td>《两周金文辞大系》</td><td>1932</td><td>论著</td><td>文求堂</td></tr>
<tr><td>《金文丛考》</td><td>1932</td><td>论著</td><td>文求堂</td></tr>
<tr><td>《金文余释之余》</td><td rowspan="2">1932</td><td>论著</td><td>文求堂</td></tr>
<tr><td>《创造十年》</td><td>自传</td><td>现代书局</td></tr>
<tr><td>《卜辞通纂》</td><td rowspan="4">1933</td><td>论著</td><td>文求堂</td></tr>
<tr><td>《幼年时代》</td><td>自传</td><td>光华书局</td></tr>
<tr><td>《古代铭刻汇考》</td><td>论著</td><td>文求堂</td></tr>
<tr><td>《沫若书信集》</td><td>书信集</td><td>泰东图书局</td></tr>
<tr><td>《沫若自选集》</td><td rowspan="2">1934</td><td>作品集</td><td>乐华图书公司</td></tr>
<tr><td>《古代铭刻汇考续编》</td><td>论著</td><td>文求堂</td></tr>
<tr><td>《屈原研究》</td><td>1935</td><td>论著</td><td>开明书店</td></tr>
<tr><td>《两周金文辞大系图录》</td><td>1935</td><td>论著</td><td>文求堂</td></tr>
<tr><td>《两周金文辞大系考释》</td><td>1935</td><td>论著</td><td>文求堂</td></tr>
</table>

续表

<table>
<tr><th>名称</th><th>时间</th><th>体裁</th><th>出版社</th></tr>
<tr><td>《离沪之前》</td><td>1936</td><td>自传</td><td>今代书店</td></tr>
<tr><td>《先秦天道观之进展》</td><td>1936</td><td>论著</td><td>商务印书馆</td></tr>
<tr><td>《豕蹄》</td><td>1936</td><td>历史小品集</td><td>不二书店</td></tr>
<tr><td>《殷契粹编》</td><td rowspan="3">1937</td><td rowspan="2">论著</td><td>文求堂</td></tr>
<tr><td>《沫若近著》</td><td>北新书局</td></tr>
<tr><td>《北伐》</td><td>散文集</td><td>北雁出版社</td></tr>
<tr><td>《抗战与觉悟》</td><td>1937</td><td>杂文集</td><td>抗敌出版社</td></tr>
<tr><td>《在轰炸中来去》</td><td>1937</td><td>杂文集</td><td>抗战出版部</td></tr>
<tr><td>《甘愿做炮灰》</td><td rowspan="2">1938</td><td>剧集</td><td>北新书局</td></tr>
<tr><td>《战声》</td><td>诗集</td><td>战时出版社</td></tr>
<tr><td>《石鼓文研究》</td><td>1939</td><td rowspan="2">论著</td><td>商务印书馆</td></tr>
<tr><td>《“民族形式”商兑》</td><td>1940</td><td>南方出版社</td></tr>
<tr><td>《羽书集》</td><td>1941</td><td>散文、论文集</td><td>香港孟夏书店</td></tr>
<tr><td>《棠棣之花》</td><td rowspan="5">1942</td><td></td><td>作家书屋</td></tr>
<tr><td>《虎符》</td><td>历史剧</td><td>群益出版社</td></tr>
<tr><td>《童年时代》</td><td></td><td>作家书屋</td></tr>
<tr><td>《屈原》</td><td></td><td>重庆文林出版社</td></tr>
<tr><td>《蒲剑集》</td><td>散文、论文集</td><td>重庆文学书店</td></tr>
<tr><td>《屈原研究》</td><td rowspan="4">1943</td><td>论著</td><td></td></tr>
<tr><td>《孔雀胆》</td><td>历史剧</td><td>群益出版社</td></tr>
<tr><td>《南冠草》</td><td>历史剧</td><td></td></tr>
<tr><td>《今昔集》</td><td>论文集</td><td>东方书社</td></tr>
<tr><td>《甲申三百年祭》</td><td rowspan="2">1944</td><td>论著</td><td>苏中出版社</td></tr>
<tr><td>《凤凰》</td><td>诗集</td><td>明天出版社</td></tr>
</table>

续表

名称	时间	体裁	出版社
《青铜时代》	1945	论著	文治出版社
《先秦学说述林》		论著	福建永安东南出版社
《十批判书》			群益出版社
《波》			
《苏联纪行》	1946	散文集	上海中外出版社
《归去来》			北新书局
《筑》		历史剧	群益出版社
《南京印象》		散文集	
《少年时代》	1947	自传	海燕书店
《革命春秋》			
《天地玄黄》		杂文集	大孚出版社
《盲肠炎》		杂文集	群益出版社
《今昔蒲剑》		散文、杂文集	海燕书店
《历史人物》		论著	
《沸羹集》		散文、杂文集	大孚出版社
《地下的笑声》		小说集	海燕书店
《创作的道路》		论著	文光书店
《抱箭集》	1948	小说、散文集	海燕书店
《蜩螗集》		诗集	群益出版社
《中苏文化之交流》	1949	散文、论文合集	生活·读书·新知联合发行所
《郭沫若选集》	1951	作品集	开明书店
《海涛》		散文集	新文艺出版社
《奴隶制时代》	1952	论著	

续表

<table>
<tr><th>名称</th><th>时间</th><th>体裁</th><th>出版社</th></tr>
<tr><td>《屈原赋今译》</td><td rowspan="2">1953</td><td>诗集</td><td rowspan="2">人民文学出版社</td></tr>
<tr><td>《新华颂》</td><td>诗集</td></tr>
<tr><td>《管子集校》</td><td>1956</td><td>古籍整理</td><td>科学出版社</td></tr>
<tr><td>《盐铁论读本》</td><td>1957</td><td>古籍整理</td><td>科学出版社</td></tr>
<tr><td>《两周金文辞大系图录考释》</td><td>1957</td><td>论著</td><td>科学出版社</td></tr>
<tr><td>《百花齐放》</td><td>1958</td><td>诗集</td><td>人民日报出版社</td></tr>
<tr><td>《离骚今译》</td><td>1958</td><td>诗集</td><td>人民文学出版社</td></tr>
<tr><td>《蔡文姬》</td><td rowspan="6">1959</td><td>历史剧</td><td>文物出版社</td></tr>
<tr><td>《雄鸡集》</td><td>诗集</td><td>北京出版社</td></tr>
<tr><td>《洪波曲》</td><td>自传</td><td>百花文艺出版社</td></tr>
<tr><td>《长春集》</td><td rowspan="3">诗集</td><td>人民日报出版社</td></tr>
<tr><td>《潮汐集》</td><td>作家出版社</td></tr>
<tr><td>《骆驼集》</td><td>人民文学出版社</td></tr>
<tr><td>《文史论集》</td><td>1961</td><td rowspan="2">论著</td><td>人民出版社</td></tr>
<tr><td>《读〈随园诗话〉札记》</td><td rowspan="2">1962</td><td>作家出版社</td></tr>
<tr><td>《武则天》</td><td>历史剧</td><td>中国戏剧出版社</td></tr>
<tr><td>《东风集》</td><td rowspan="2">1963</td><td rowspan="2">诗集</td><td>作家出版社</td></tr>
<tr><td>《蜀道奇》</td><td>重庆人民出版社</td></tr>
<tr><td>《日本的汉字改革和文字机械化》</td><td>1964</td><td>论著</td><td>人民出版社</td></tr>
<tr><td>《先锋歌》</td><td>1965</td><td>诗集</td><td>少年儿童出版社</td></tr>
<tr><td>《李白与杜甫》</td><td>1971</td><td rowspan="2">论著</td><td>人民文学出版社</td></tr>
<tr><td>《出土文物二三事》</td><td>1972</td><td>人民出版社</td></tr>
<tr><td>《沫若诗词选》</td><td>1977</td><td>诗集</td><td>人民文学出版社</td></tr>
<tr><td>《东风第一枝》</td><td>1978</td><td>诗文集</td><td>四川人民出版社</td></tr>
<tr><td>《郑成功》</td><td>1979</td><td>电影文学剧本</td><td>上海文艺出版社</td></tr>
</table>

名称	时间	体裁	出版社
《商周古文字类纂》	1991	古文字字典	文物出版社
《再生缘》	2002	古籍整理	北京古籍出版社

译著

名称	时间	体裁	原作者	出版社
《茵梦湖》（与钱君胥合译）	1921	茵梦湖	施笃谟（德国）	泰东图书局
《少年维特之烦恼》	1922	小说	歌德（德国）	泰东图书局
《鲁拜集》	1924	诗集	莪默伽亚谟（波斯）	泰东图书局
《社会组织与社会革命》	1925	论著	河上肇（日本）	商务印书馆
《新时代》		小说	屠格涅夫（俄国）	
《雪莱诗选》	1926	诗集	雪莱（英国）	泰东图书局
《约翰沁孤的戏曲集》	1926	戏剧集	约翰沁孤（爱尔兰）	商务印书馆
《异端》	1926	戏剧	霍甫特曼（德国）	商务印书馆
《争斗》	1926	戏剧	高尔斯华绥（英国）	商务印书馆
《法网》	1927	戏剧	高尔斯华绥（英国）	联合书店
《银匣》	1927	戏剧	高尔斯华绥（英国）	创造社出版部
《德国诗选》（和成仿吾合译）	1927	诗歌	歌德等	创造社出版部
《石炭王》		小说	辛克莱（美国）	创造社出版部
《浮士德》（第一部）	1928	诗剧	歌德（德国）	创造社出版部
《沫若译诗集》		诗集	伽里达若（印度）等	创造社出版部
《查拉图司屈拉钞》		论著	尼采（德）	创造社出版部
《屠场》	1929	小说	辛克莱（美国）	南强书局
《美术考古学发现史》		论著	米海里斯（德）	乐群书店
《煤油》	1930	小说	辛克莱（美国）	光华书局

续表

名称	时间	体裁	原作者	出版社
《政治经济学批判》	1931	论著	马克思（德国）	神州国光社
《战争与和平》	1931	小说	托尔斯泰（俄国）	文艺书局
《生命之科学》	1934	论著	威尔士（英国）	商务印书馆
《日本短篇小说集》	1935	小说集	芥川龙之介（日本）等	商务印书馆
《艺术作品之真实性》	1936	论著	马克思（德国）	东京质文社
《隋唐燕乐调研究》	1936	论著	林谦三（日本）	商务印书馆
《华伦斯太》	1936	戏剧	席勒（德国）	生活书店
《人类展望》	1937	论著	韦尔斯（英国）	开明书店
《德意志意识形态》	1938	论著	马克思、恩格斯（德国）	言行出版社
《赫曼与窦绿苔》	1942	叙事诗	歌德（德国）	文林出版社
《艺术的真实》	1947	论著	马克思（德国）	群益出版社
《英诗译稿》	1981	诗集	罗伯特·布里季（英国）等	上海译文出版社

3. 人物评价

毛泽东1944年11月21日致信郭沫若：

你的《甲申三百年祭》，我们把它当作整风文件看待。小胜即骄傲，大胜更骄傲，一次又一次吃亏，如何避免此种毛病，实在值得注意。倘能经过大手笔写一篇太平军经验，会是很有益的；但不敢作正式提议，恐怕太累你。最近看了《反正前后》，和我那时在湖南经历的，几乎一模一样，不成熟的资产阶级革命，那样的结局是不可避免的。此次抗日战争，应该是成熟了的罢，国际条件是很好的，国内靠我们努力。我虽然兢兢业业，生怕出岔子，但说不定岔子从什么地方跑来；你看到了什么错误缺点，希望随时示知。你的史论、史剧有大益于中国人民，只嫌其少，不嫌其多，精神决不会白费的，希望继续努力。

周恩来《我要说的话》（《新华日报》1941年11月16日）：

郭沫若创作生活二十五年，也就是新文化运动的二十五年。鲁迅自称是“革命军马前卒”，郭沫若就是革命队伍中人。鲁迅是新文化运动的导师，郭沫若便是新文化运动的主将。鲁迅如果是将没有路的路开辟出来的先锋，郭沫若便是带着大家一道前进的向导。鲁迅先生已不在世了，他的遗范尚存，我们会愈感觉到在新文化战线上，郭先生带着我们一道奋斗的亲切，而且我们也永远祝福他带着我们奋斗到底的。

邓小平《在郭沫若同志追悼会上的悼词》（《人民日报》1978年6月19日）：

郭沫若同志是我国杰出的作家、诗人和戏剧家，又是马克思主义的历史学家和古文字学家。早在“五四”运动时期，他就以充满革命激情的诗歌创作，歌颂人民革命，歌颂社会主义和共产主义，开一代诗风，成为我国新诗歌运动的奠基者。他创作的历史剧，是教育人民、打击敌人的有力武器。他是我国运用马克思主义观点研究中国历史的开拓者。他创造性地把古文字学和古代史的研究结合起来，开辟了史学研究的新天地。他在哲学社会科学的许多领域，包括文学、艺术、哲学、历史学、考古学、金文甲骨文研究，以及马克思主义理论著作和外国进步文艺的翻译介绍等方面，都有重要建树。他长期从事科学文化教育事业的组织领导工作，扶持和帮助了成千上万的科学、文化、教育工作者的成长，对发展我国科学文化教育事业作出了不可磨灭的贡献。他和鲁迅一样，是我国现代文化史上一位学识渊博、才华卓具的著名学者。他是继鲁迅之后，在中国共产党领导下，在毛泽东思想指引下，我国文化战线上又一面光辉的旗帜。

茅盾《化悲痛为力量》：

郭老是我国文坛上的彗星。收集在《女神》中的他早期的诗，大部分写于一九二〇年以后，是五四运动在诗歌方面最热情而豪放的反映，可以说是举世无双。

闻一多《〈女神〉之时代精神》：

若讲新诗，郭沫若君的诗才配称新，不独艺术上他的作品与旧诗词相去最远，最要紧的是他的精神完全是时代的精神——二十世纪的时代的精神。

巴金《永远向他学习——悼念郭沫若同志》：

我同郭老接触多年，印象最深的是他非常真诚，他谈话、写文章没有半点虚假。我想说他有一颗赤子之心。

侯外庐《深切悼念郭沫若同志》：

恩格斯曾经赞扬预示着资产阶级革命将要来临的文艺复兴时代，“是一个需要巨人而且产生了巨人——在思维能力、热情和性格方面，在多才多艺和学识渊博方面的巨人的时代”，“他们的特征是他们几乎全都处在时代运动中，……一些人用舌和笔，一些人用剑，一些人则两者并用。因此就有了使他们成为完人的那种性格上的完整和坚强”。毫无疑问，无产阶级革命时代更是一个需要而且产生巨人的时代。可以说，郭沫若同志就是我们时代的一位笔剑并用进行斗争的文化巨人。无论在革命实践和思想文化方面，他的建树都是巨大的。他是继伟大的鲁迅以后，中华民族文化发展史上的一面光辉旗帜！

夏鼐《郭沫若同志对于中国考古学的卓越贡献》：

郭沫若同志由于学医而懂得近代的科学研究方法。他认为现代式的考古学工作者不应只埋首于书斋内故纸堆中专门从事于古文献和古文字的研究，而应该到现场去做田野考古调查发掘工作，接触实际。

一九四九年建国后，我国社会主义建设刚刚开始。……经郭老的建议，敬爱的周总理主持的政务院就在文化部设立文物局，同时又在中国科学院设立考古研究所，使我国第一次有了主管文物工作的政府部门和专门从事考古工作的科学研究机构。这项决策性的安排，对于新中国文物考古工作的蓬勃发展，具有深远的意义。

周扬《悲痛的怀念》：

恩格斯曾把歌德比喻为奥林普斯之神，我面前的这位老人不也可以比作太山之神吗？两个文化巨人确有相似之处。文思的敏捷和艺术的天才，百科全书式的渊博知识，对自然科学的高度热爱，都是相似的。……郭和歌德一样是文化巨人，是自己民族的骄傲，就这一点上也是相似的。

季羡林《专而又通的榜样》：

郭老给我的印象是平易近人，绝对没有给我留下“我是院长、我是科学家”的印象。……中国过去讲三绝，即诗、书、画——作诗、写字、画画三绝。要做到这三绝是比较难的。……我对苏轼作过统计，他诗、书、画、词、文，应该是五绝。……可是我对郭老就统计不出他有多少绝。总之他超过了苏轼。苏轼没有郭老在自然科学方面的造诣。

马识途《评价历史人物必须“知人论世”——谈正确评价郭沫若》：

郭沫若是中国现代一个著名的历史人物。他不仅在中国“五四”新文化运动中作出过开创性的贡献，他还在历史研究、古文字学、戏剧创作、诗词创作、书法等等方面都有过非凡的表现，是当之无愧的诗人、文学家、戏剧家、历史学家、古文字学家、书法家。所以当时他与鲁迅并称为中国新文化的两面旗帜。他还是一个一直和人民在一起的革命家，不计艰险，始终如一，在新中国的缔造中作出过巨大的贡献，这在中国文化人中恐怕也是不多见的。因此他在新中国可称文化第一人，曾经在新中国的文教科学方面担任过重要领导职务，同时也是中国文艺界的泰斗。因此，他以一个浪漫诗人却在解放后壮阔的历史波澜中，成为风云人物，自然就要在波诡云谲的政治风雨中行走，于是他不可避免地要领受各方面交加的毁誉，也是可想而知的了。对于像郭沫若这样一个历史人物，在他死后，会有许多不同的评说，也是情理中的事。在中国的学术界研究他的人也很多，几成专学，海外也多有研究者，这都是值得提倡的好事。

不过近年以来，我曾经读到一些文章和书籍，对郭沫若颇多微辞，对于解放后新中国的郭沫若有更多的批评。由于各人视角各异，特别是立场不同，仁者见仁，智者见智，也是正常的事。但是我注意到，有的文章却似乎超出学术研究以外，恣意贬损，以至讽刺侮辱，加以丑化，有失争鸣风度。再细看某些立论，其方法不仅是唯心主义的，非历史主义的，且似乎项庄舞剑，意在沛公，其实不过是把郭沫若当作靶子或引子，矛头所向，是想力透靶子，直指郭沫若所从事的新文化运动和郭沫若所归依的政体而已。这不能不引起学术界关心郭沫若研究者的注意。所以四川郭沫若研究会特以《郭沫若与新中国》为题，进行一次学术讨论，以期引起对于像郭沫若这样的历史人物的正确评价。

首先我想说一说如何正确评价历史人物的一得之愚，也就是知人必须论世。如何正确评价历史人物，是一件很重要的事情，这个问题在学术界已经引起多次的讨论，现在可以说在学术界，至少在海内学术界，大体上已经取得基本的共识。也许可以把它概括为如下几条：1、历史是人创造的，历史的根本任务之一，是对影响历史进程的重要历史人物，进行实事求是的评价。2、对历史人物的评价，应以马克思主义的唯物史观作指导，或者换一个说法，必须以实事求是的历史主义的态度，把人物放在具体的历史环境中，进行具体的考察，也就是说，知人必须论世。轻率地片面地肯定或否定一个人，是不好的。3、必须反对评价历史人物的唯心主义观点。主观地把某一段历史放进臆测的框架中去，然后把人物放到设想的位置上，投射以预设颜色的灯光，于是轻率地得出结论，这就是这个人物的本来面目了。甚至从自己的喜恶或从某种政治需要出发，把历史人物当作可以任意揉捏的烂泥，任意美化或丑化。4、评价历史人物的是非，必须在特定历史的全过程中，把历史人物的有根有据的生活全过程，进行全景式的透彻的考察，不仅听其言更要观其行。看他是加速或促进了还是阻碍或迟滞了历史的发展过程。切不可看一时一事，凭个人的喜恶，妄加褒贬。

如果上述的原则可以成立的话，我们对于郭沫若的评价，特别是新中国的郭沫若的评价，可以说该有一个谱了。有些人对新中国的郭沫若，很有一些看法。我想这也是可以理解的。因为正如刘知几在《史通·鉴识》

中所说的“物有恒准，而鉴无定识”，事物虽然只有一个，而认识事物的人却因看法不同而得出不同的结论。但是我们必须说，评论新中国的郭沫若，也应该根据评价历史人物的原则，知人必须论世，首先我们应该把解放以后的新中国的历史环境弄清楚，必须把郭沫若这样一个具体的人，放在当时新中国这样一个具体的历史环境中，进行历史唯物主义的考察，全面地而不是片面地，全过程地而不是一时一事地进行考察。而且要特别顾及郭沫若这个人当时所处的社会地位，政治环境，交往人物和他的心理素质，个性特点。在他所进行的每一个活动所受到的客观环境、特别是具有很大影响力的人物，施加于他的影响，都必须弄清楚，我们才有可能具体分析他作的每一件事，得出真相，从而综合分析在那样的历史环境中的郭沫若之所以为郭沫若的本来面目。这样一来，我们就比较容易地回答解放后的郭沫若所作的令人难以理解或者多有责难的事情了。

郭沫若，平心而论，按他的性格、气质和教养来说，他应该是一个浪漫主义的诗人，一个文人，或者一个学者。这些他果然都做到了。但是他生长在亡在旦夕的中国，作为一个诗人，他不能不为拯救祖国而大声呐喊，不能不卷入到大革命的斗争中去。他亡命日本后，本来可以把自己铸造成一个出色的学者，他也做到了。但是抗日战争开始了，他不能不抛雏别妇，回到祖国，参加战斗，成为文化界抗敌的一面旗帜。其后他又不能不站到革命人民一边，和蒋介石反动政权进行斗争，参加缔造新中国的伟大事业，成为新中国新文化界的代表人物，新中国的第一文人。而且进入政治里圈，当起官来。这时他的确也为新中国的文化教育和科学事业，作出过巨大贡献。但是他不是可以遗世而独立的人，生活在剧烈波动的政治漩涡中，身不由己，俯仰沉浮于权力圈中，应对进退于官阙之下，他在这样的环境中，该如何行事呢？有时为了顺应形势，不得不便宜行事的。特别是在像“文化大革命”这样的史无前例的政治斗争环境中，他树大召风，在飓风以拔根之势向他袭来，他不得不做出一些在正常环境中叫人难以理解的事，说一些口是心非的话。其实那时不只他一个人，许多处于他那样政治环境中颇有份量的人物，也不得不说违心的话，做违心的事。只是郭沫若是世界级的名人，他的一言一行，都为万人瞩目，传扬开来罢了。说实在的，在“文化大革命”中，我们看到过多少荒唐的人和多少荒唐的事呀。那是一个大荒唐的时代，郭沫若在大压力下，要做一些小荒唐的事，我看是难以避免的。如果我们便因此而求全责备，甚至讽刺挖苦，扯到人格上去，毋乃太过乎？没有亲身经历过那样严峻场合的人，恐怕是很难以想象的。因为当时全国已经造成那样的形势，而形势是比人强的。你面对的又不是可以横眉冷对的敌人，而是自己的同志，特别是他面对的是由我们全民多年塑起来的无上权威和至尊，你能怎么样？“文化大革命”已成历史，既未亲历也没认真研究的人，作一个事后诸葛，评头论足，或说点风凉话，是很容易也很痛快的事，只不过难免是无实事求是之心，有哗众取宠之嫌罢了。

我这样说，不是说郭沫若一切都好，无可挑剔。不，郭沫若一生也有过若干失误，他也办过一些召来物议的错事，特别是在“文化大革命”中，就是大家常常议论他的那几件事。比如在大跃进中，他写过一百首歌颂百花的诗，成为现在人的笑谈。但是当其时也，全国全民在写诗，一片诗山诗海，他作为一个领头的诗人，能不“浪漫”一下吗？何况他是在歌颂“百花齐放”的政策，而那一百首诗中，也还有可读的诗呢。又如在“文革”初，他说过他的书都该烧掉，说得未免过份，影响不好，那是事实。但当风云突变，他眼见飓风以拔山倒海之势向他袭来、他不得不说些违心之言，以求自保，不是可以理解的事吗？但要说红卫兵根据他的话而大肆焚书，却未必然。至于他为什么要写《李白与杜甫》那本书，个中情由，大家心知肚明，不用赘言了。这大概就是新中国的郭沫若最受非议的几件事了，这也的确可算郭沫若“说错话办错事”的几件事。但是我们在批评郭沫若的错误的时候，似乎也应顾及一个人的思想行为，总是由他所处的社会环境和时代潮流所决定的，我们不能脱离一个人的时代和环境来谈他的是非得失。我至今仍然相信夏衍在郭沫若研究学会成立大会上讲话，说到郭沫若在解放后说过违心之言，办过违心之事时说：“郭沫若所犯错误，都是在我们党和毛主席犯错误时所犯的。”我以为这是实事求是的说法。

说到这里，我想起巴金的《随想录》来。他是那么无情地解剖“文化大革命”中的自己，从他的自我解剖中，正好更深刻地解剖了“文革”，正是对于当时的中国社会和当时中国知识分子的解剖。我又想到，我们的知识分子在“文革”中是如何说，如何作的呢？且不说跟着造反的，就是把自己当时写的“交代”“检讨”“认罪书”拿出来再看看，不是会比巴金老更汗颜无地吗？然而这正可以净化自己的灵魂。所以我把我的《认罪诗》和《我的检讨》印入我写的《沧桑十年》中。我可以大胆地设想，作为一个在中国有代表性的知识分子，写过《女神》这样的诗，写过《请看今日之蒋介石》这样文章的郭沫若，如果能活到现在，他也会像巴金那样，像周扬那样，说出真相，解剖自己的。他也会像巴金一样还自己一个郭沫若的本来面目的。可惜现在已经不可能了，但是现在研究郭沫若的学者和作家，可以认真地实事求是地来作，还郭沫若一个本来面目。并且从他的本来面目反射出中国这一段真实的历史和文化来。即使现在还不具备充分的条件，我想将来有人会这样作的。他们会在郭沫若、巴金、周扬、老舍、曹禺、田汉等等的知识分子的研究中，更准确地认识中国这一段历史和文化。但是必须使用正确的历史唯物主义方法，以实事求是的精神，来研究这些历史人物，我还是那句话：知人必须论世。

郭沫若本是一个具有浪漫情怀的诗人，有极高的天资而涉猎极广，有相当深厚的文化根基，他具有多面才能而又是一个感情丰富性格复杂的人，他一生处于中国历史的大转变和政治大动荡中，一直在政治漩涡里翻腾而又常处于尖子地位，经受过政治风雨和情感激浪的冲击。他面对的大起大落，大悲大喜，尊荣和失落，都不是我辈常人所能想象的。对于这样一个中国的文化名人，进行评价，不是容易的事。简单地肯定，简单的否定，都不可能探究郭沫若的底蕴，而会落入“物有恒准，鉴无定识”的老套。如果追赶浪头，拾人牙慧，用不实之辞横加贬斥，或以一孔之见，妄加臆断，在别人脸上涂抹油彩，决非一个严肃学者所当为。至于用“大批判”的语言，肆意鞭挞，以图一快，在一个不能起而辩正的死人身上泼脏水，随便丑化，是容易的事，不过徒见其无知和浅薄而已。

但是更引起我注意的是在一片批郭贬郭风的后面，以至贬鲁迅等新文化人的后面，到底有人想做什么文章。对于中国“五四”新文化运动如何评价，在已有公认的评价之外，进行再认识，对某些不足之处进行反思，我以为是好的。但是有的议论似乎出格，把整个“五四”新文化运动加以否定，却不能不引起关切。有的批郭其实是在批新文化运动，特别是在批五四运动后中国的走向工农革命，引进了马克思主义，出现了新中国。近年来兴起的始发于海外继起于海内的“批判激进主义”，就很值得注意。我想批判“激进主义”，未为不可，五四运动也不是不可以反思。但是如果批来批去，是落脚到根本否定中国的五四新文化运动，引出的结论是对“一个多世纪以来中国人民的反帝反封建的革命斗争，持基本否定的态度”，以为“现代以来的中国历史进程中存在一股强烈的激进主义潮流，它左右着历史进程，并总是在某些转折关头把历史推向灾难的境地。”以至发展到“批判激进主义已不仅是一种文化反省，而且成为政治声讨，成为要求改写中国近现代历史的一种强烈的呼声。”那意思如果我理解无误的话，就是说中国近一个多世纪以来出现了激进主义，把中国搞糟了。辛亥革命搞糟了，五四运动搞糟了，马克思主义的引进，工农革命，武装斗争，导致新中国的建立，当然更搞糟了。我不是学者，这些道理，我难以理解。但是我知道任何一个伟大的历史运动，总是有它发生发展的必然性而不以某个人的愿望或理性的思考为转移的。历史就是历史。我还知道，任何一个伟大的历史运动，总不能没有曲折，不走弯路。有时候会搞得不好以致很糟，但是其终极是好是糟的检验，是历史的事实，是人民的实践。中国人民实践的历史事实是，在孙中山的推动下，中国人民反复起义，终于推翻了清封建王朝。在共产党的领导下，中国人民通过激烈的革命斗争，终于推翻了压在中国人民头上的三座大山，人民解放了。又经历了五十年的激烈斗争，走了不少弯路，终于走到今天，找到建设有中国特色的社会主义道路，正向民富国强的方向前进。即使这样，我想对于过去历史仍然是应该研究的，过去犯过许多错误，走过许多弯路，仍然是应该总结的。激进主义也好，别的什么主义也好，都是可以批判的。如果“激进主义”是指在求解放的革命斗争，解放后的建国过程中，一直像幽灵一样在中国大地上游荡，给革命和人民带来许多灾难的“左祸”的话，那真是应该批判的。五四新文化运动也是可以反思和再认识的，的确有一些不足和偏差。就是解放以后五十年的历史更是应该研究和总结的，有非常丰富的经验和教训。我是无能为力了。我希望有更多的历史学家，社会科学家，参加对于中国近现代史的研究，特别是参加近年来流行的“批判激进主义”的讨论，然而这已经是题外的话了。

阿来简历

阿来，1959年出生于四川省阿坝藏族羌族自治州马尔康市，中国当代作家，中国作家协会第十届全国委员会副主席、中国作家协会少数民族文学委员会主任。

1982年开始诗歌创作。20世纪80年代中后期，转向小说创作。1994年冬，完成首部长篇小说《尘埃落定》，1998年，《尘埃落定》由人民文学出版社出版。2000年，凭借《尘埃落定》获得第五届茅盾文学奖，2009年3月，当选四川省作家协会主席，兼任中国作家协会第八届全国委员会主席团委员；同年，出版长篇小说《空山》。2014年，出版长篇非虚构作品《瞻对》。2018年，凭借《蘑菇圈》获得第七届鲁迅文学奖中篇小说奖。2019年，长篇小说《云中记》创作完成；同年，《尘埃落定》入选“新中国70年70部长篇小说典藏”。2021年4月，担任第四届宝珀理想国文学奖评委，同年，6月3日，担任首批四川生态环境保护大使。

现任四川省作家协会主席、中国作协副主席、中国作家协会少数民族文学委员会主任。2022年度生态环境特邀观察员。

1. 人物经历

1959年，出生于四川阿坝藏族羌族自治州马尔康市一个有20多户人家的小山寨。

1965年，开始上学，第一年不学课文，先上预备班，学汉语。

1973年，初中毕业后，开始回乡务农。

1977年，考入马尔康师范学校，中专师范。

1979年，毕业后调入马尔康县第二中学教初中。

1980年，调县中学教高中，做中学教师近五年。

1982年，开始诗歌创作。

20世纪80年代中期以后，逐渐转向小说，并调到阿坝州文化局所属的文学杂志《草地》当编辑。

1994年冬，完成长篇小说《尘埃落定》。

1996年，从《草地》编辑社辞职，应聘至成都《科幻世界》杂志，从普通编辑干起。

1998年，成为《科幻世界》杂志的主编，后因“重述神话”项目，辞去社长职务；同年，长篇小说《尘埃落定》由人民文学出版社出版。

1999年，出版小说集《月光下的银匠》。

2000年，凭借长篇小说《尘埃落定》获第五届茅盾文学奖，成为首位获得该奖的藏族作家。

2006年12月15日，以330万元的版税收入，登上作家富豪榜第21位。

2009年2月，任四川省作协主席；6月，长篇小说《格萨尔王》完稿，通过讲述藏族传说中的格萨尔王从作为天神之子降生人世，到降妖伏魔、安定三界，最终返归天界的故事，展示了藏民族的文化精髓；11月30日，第二次登上中国作家富豪榜，排名第21位；同年，出版长篇小说三部曲《空山》，呈现藏族小村建国后的历史。

2014年，出版长篇非虚构作品《瞻对》，讲述了一段藏地故事，再现长达两百年的瞻对历史。

2015年，出版散文集《语自在》；同年，中篇小说《蘑菇圈》发表在《收获》2015年第3期，讲述了青藏高原上的平凡小人物，与自然生灵互相依偎的生命故事。

2016年12月，当选中国作家协会第九届全国委员会委员；12月29日，连任四川省作协主席。

2017年12月8日，凭借中篇小说《三只虫草》与散文《士与绅的最后遭逢》获得第17届百花文学奖小说奖与散文奖，拿下百花文学奖首个双奖；同年，获得中国版权卓越成就者奖。

2018年1月30日上午，当选为四川省第十三届全国人大代表；8月，凭借作品《蘑菇圈》获得第7届鲁迅文学奖中篇小说奖；11月，散文集《阿来散文集》由陕西师范大学出版社出版，包括《大地的阶梯》《成都物候记》《让岩石告诉我们》《人是出发点，也是目的地》《一滴水经过丽江》。

2019年1月，补选为四川省第十三届人民代表大会代表；2月17日，由其担任编剧的电影《攀登者》开拍；5月26日，出版长篇小说《云中记》，讲述汶川地震后，祭师阿巴的经历；9月23日，长篇小说《尘埃落定》入选“新中国70年70部长篇小说典藏”。9月27日，被丽江市授予丽江市荣誉市民称号；12月13日，《云中记》摘得收获文学排行榜长篇小说榜榜首。

2020年04月26日，《云中记》入选“2019中国好书”。

2020年10月，担任第六届郁达夫小说奖终评委成员；11月11日，担任四川省影视产业联盟顾问。

2021年4月10日，第四届宝珀理想国文学奖正式启动，阿来担任第四届宝珀理想国文学奖评委；4月16日，小说《云中记》获得第16届十月文学奖长篇小说奖。

2021年6月3日，担任首批四川生态环境保护大使。11月2日，当选四川省作家协会主席。

2021年12月16日，当选中国作协副主席。

2021年12月16日，中国作家协会第十次全国代表大会第四次全体会议，选举阿来为中国作家协会第十届全国委员会委员。

2022年，任中国作家协会少数民族文学委员会主任。

2022年度生态环境特邀观察员。

2022年10月，担任2021年度四川日报川观文学奖小说、报告文学组评委会主任。

2023年，第十四届全国政协委员。

2. 主要作品

文学作品

出版时间	作品名称	作品体裁	出版社
2019	《云中记》	长篇小说	北京十月文艺出版社
2018	《阿来散文集》	散文集	陕西师范大学出版社
2017	《当我们谈论文学时，我们在谈些什么》	演讲录	陕西师范大学出版社
2015	《语自在》	散文集	重庆出版社
	《蘑菇圈》	中篇小说	长江文艺出版社
2014	《瞻对》	长篇非虚构作品	四川文艺出版社
2009	《格萨尔王》	长篇小说	重庆出版社
	《空山》（包括《空山》《随风飘散》《轻雷》）		人民文学出版社
2001	《阿来文集：中短篇小说卷》	中短篇小说集	人民文学出版社
2001	《阿来文集诗文卷》	文集	人民文学出版社
1999	《月光里的银匠》	小说集	长江文艺出版社
1998	《尘埃落定》	小说	人民文学出版社
1989	《旧年的血迹》	小说集	作家出版社
	《梭磨河》	诗集	
1973	《月光下的银匠》	短篇小说集	上海文艺出版社
1973	《格拉长大》		人民文学出版社

编剧作品

时间	作品名称	作品类型	担任职务
2019年	《攀登者》	电影	编剧
2014年	《西藏天空》	电影	编剧
2003年	《尘埃落定》	电视剧	编剧

参与纪录片

时间	名称	导演
2020	文学的故乡	张同道
2020	文学的日常	王圣志

《文学的故乡》（第2集）专门介绍阿来先生。

《文学的故乡》是由中央电视台纪录频道出品，北京师范大学纪录片中心制作，北京师范大学国际写作中心提供学术支持的文学纪录片。该片于2020年7月20日在中央电视台纪录频道播出，聚焦莫言的高密东北乡、贾平凹的商州、阿来的嘉绒藏区、迟子建的冰雪北国、毕飞宇的苏北水乡、刘震云的延津，还原作家们的童年往事、青春岁月，讲述他们如何将生活的故乡转化为文学故乡的历程。

《文化专题片》第2集解说词

1989年，阿来写了一首诗，叫《30周岁时漫游若尔盖大草原》，说他感觉到一个诗人已经诞生了。30岁的阿来，出了两本小书，一般来说算是初步成功了，但拿到出版的书，他发现自己不愿意再看了，很空洞的感觉。

阿来的故乡，是一个他在青少年时代极力逃离的地方——四川阿坝嘉绒藏区。

他从1982年开始创作诗歌，2000年他的第一部长篇小说《尘埃落定》获得第五届茅盾文学奖。他是该奖有史以来最年轻的获奖者，也是第一个得奖的藏族作家。

阿来是一个看起来非常严肃、不苟言笑的人，却偶不时也透露着幽默。比如当记者问他是几月份的生日时，他哼唱起了“七月份的尾巴那是狮子座。”

1994年，阿来写完《尘埃落定》，但当时的出版社都不愿意出版，理由是太高雅，读者更愿意读一些更大众的东西。

阿来坚持，除非错别字，一个标点都不改。“我没办法改，我觉得如果这本书不出大不了将来不写作，但是我写过这本书。”直到后来，这本书一鸣惊人，有人问他，怎么能想到“爱情就是骨头里满是泡泡”这么美的句子。

阿来说，写作时如果觉得语言不够有表达力度，便会用家乡的记忆想一想。

十几岁的的时候，年轻人情欲萌动，便会互相试探，家乡的老人便会开玩笑，打趣儿的说：你看这些人骨头又冒泡泡了。意思是他们变轻了。这不是轻浮的意思，是对年轻人的一种赞赏，觉得年轻人就该享受这样大好的年纪和时光。

阿来说文学是充满感官的世界，眼、耳、鼻、舌、身、意。所以写年轻人的爱情，首先便是身体的，然后才是情。

而文学作品的深刻，也是感情的深刻，文学作品的深度，便是体验的深度。

2023年2月23日，中央广播电视总台大型文化节目《大师列传》第二季第八集《阿来：心之所系唯书与路》在央视科教频道（CCTV-10）播出。阿来主席通过节目，向观众分享了自己的创作故事，带领观众领略青藏高原的文化魅力。

阿来告诉记者，于他而言，这次的拍摄，与2020年播出的纪录片《文学的故乡》有异曲同工之妙，都通过他的讲述和镜头，回到了他少年时代极力逃离的故乡，激发最初诗歌冲动的梭磨河，改写命运的松岗水电站，青年时代调研的土司官寨……还记录了他带着一台相机，沿途随时随地拍摄植物花卉；走进了卓克基土司官寨，追踪《尘埃落定》的原发地，讲述卓克基土司官寨的前世今生。“我谈到了自己的创造，也谈到了文学带给我的人生感悟。”

但阿来认为，相比之下，《大师列传》这个节目，关注的人群更为宽泛，“除了文学，还有文艺，各行各业，书法家、画家、指挥家等等，彰显了新时代文艺发展、文化繁荣的勃勃生机。”

他是在北京的央视演播厅录制的这档节目，“我这部分主要就是观众提问和现场演讲，前后花了一天时间。”在现场，阿来全程无稿，一律即兴发挥，拍摄过程非常流畅。有意思的是，阿来提到了录制和播出时的一点“新”发现，“现在的录制技术很先进啊！你们看到我演讲的时候，整个现场山川如画，其实我就是站在一个蓝色的布景前，听说他们运用了270° 绿箱技术，结合实时渲染的虚拟场景丰富整体视觉内容，通过AR、VR、MR、3D建模等硬核科技，打造出了非常美好的画面。”

谈及《大师列传》，对于这个“列传”，阿来进行了这样的知识普及，他说：“列传，是中国纪传体史书的体裁之一。司马迁撰《史记》时首创，为以后历代纪传体史书所沿用。比如有《屈原列传》《廉颇蔺相如列传》《老子韩非列传》等。”而对于自己能成为《大师列传》聚焦的人物，被尊为大师，阿来很谦虚，他说：“大师，算不上，我力争成为大师。人活一世，总不能一直碌碌无为吧。”